区块链巴别塔

金融科技对银行业的挑战

[奥地利]伊戈尔·佩吉克（Igor Pejic）—著　　王勇　陈秋雨—译

BLOCKCHAIN BABEL
THE CRYPTO CRAZE AND THE CHALLENGE TO BUSINESS

中信出版集团 | 北京

图书在版编目（CIP）数据

区块链巴别塔：金融科技对银行业的挑战／（奥）伊戈尔·佩吉克著；王勇，陈秋雨译 . -- 北京：中信出版社，2021.3

书名原文：Blockchain Babel: The Crypto-craze and the Challenge to Business

ISBN 978-7-5217-2739-5

Ⅰ . ①区… Ⅱ . ①伊… ②王… ③陈… Ⅲ . ①区块链技术 Ⅳ . ① F713.361.3

中国版本图书馆 CIP 数据核字（2021）第 007252 号

Blockchain Babel: The Crypto Craze and the Challenge to Business by Igor Pejic
© Igor Pejic, 2019
This translation of Blockchain Babel is published by arrangement with Kogan Page.
Simplified Chinese translation copyright © 2021 by CITIC Press Corporation
ALL RIGHTS RESERVED
本书仅限中国大陆地区发行销售

区块链巴别塔——金融科技对银行业的挑战

著　　者：[奥]伊戈尔·佩吉克
译　　者：王勇　陈秋雨
出版发行：中信出版集团股份有限公司
　　　　　（北京市朝阳区惠新东街甲 4 号富盛大厦 2 座　邮编　100029）
承　印　者：北京诚信伟业印刷有限公司

开　　本：787mm×1092mm　1/16　　印　张：15.5　　字　数：150 千字
版　　次：2021 年 3 月第 1 版　　　　印　次：2021 年 3 月第 1 次印刷
京权图字：01-2021-0575
书　　号：ISBN 978-7-5217-2739-5
定　　价：55.00 元

版权所有·侵权必究
如有印刷、装订问题，本公司负责调换。
服务热线：400-600-8099
投稿邮箱：author@citicpub.com

《区块链巴别塔》一书思路清晰，聪明且大胆地澄清了区块链领域的许多神话和误解。每一位银行高管都应该熟读此书。

约翰·沃什（John Waupsh）

金融科技公司 Kasasa 首席创新官

《区块链巴别塔》一书能为从业者在狂热浪潮中指点方向，帮助从业者正确认识这一技术的真正商业潜力。

乔治·豪尔（Georg Hauer）

N26 集团奥地利地区总经理

《区块链巴别塔》集合了很多优秀的区块链图书的优点：内容适度，揭露真相，观点发人深省。同时，这本书非常有趣，会吸引你一口气读完。对于那些想深入了解区块链技术及其应用的人来说，这本书非常值得一读。区块链技术不仅仅是一种风潮，还是一种会颠覆全球金融服务业的方式。

马科斯·扎卡赖亚斯（Markos Zachariadis）

华威大学华威商学院信息专业副教授，剑桥大学金融科技研究员

《区块链巴别塔》以通俗易懂和充满智慧的写作打破了关于区块链技术的常见神话，佩吉克向读者展示了他对于区块链技术未来发展的全新理解。

菲利普·桑德纳（Philipp Sandner）

法兰克福商学院区块链中心主管

佩吉克深入观察了正在挑战银行业的加密资产热潮，并关注着复杂的全球金融业转换轨道的相关变化。请系上安全带，享受一段引人入胜的区块链

之旅吧。区块链将永远改变支付系统，并对所有行业产生影响。区块链革命正在我们面前展现，这本书是对这一现象的有力解读。

斯蒂芬·G. 安德鲁斯（Stephen G Andrews）

社区银行总裁和金融科技爱好者

现在每天出版的关于区块链技术的图书汗牛充栋，但最值得关注的是佩吉克所著的《区块链巴别塔》，尽管主题复杂，但其内容丰富、引人入胜。不管你是想大概了解区块链，还是想进行深入研究，你都可以从这本书中得到相关内容。读完这本书，区块链对你来说将不再是个谜。

芭芭拉·斯托特英格（Barbara Stottinger）

维也纳行政学院院长

佩吉克对区块链的分析引人入胜，他正在影响人们重新认识这项将改变银行业和商业模式的新技术。

朱尔金·科布（Jürgen Kob）

金融业意见领袖，多家公司董事会成员

佩吉克以清晰准确的写作方式撰写了一本关于区块链的较全面的书籍。每一个参与未来业务发展，并且不想错过区块链革命时机的业界人士都应该读一读此书。

马克·托莱多（Marc Toledo）

Bit4you.io 董事总经理

献给我的妻子和家人

译者前言

自从中本聪在2009年推出比特币概念以后，人们对于支撑比特币的底层技术区块链的理解经历了一个曲折的过程。在比特币区块链历经各种风雨考验之后，人们对于比特币区块链思维的升华，从最初互联网暗网中的洗钱阴谋上升到构建社会信用的工具，这些变化犹如思想与技术碰撞出的一次核反应，这一过程也印证了中本聪最初的预言：人们对区块链的态度会逐渐由漠视和对抗转向理解与合作。目前全球已经有众多区块链从业者，他们正在推进着大量实验项目，挖掘着由其带来的能够改变世界的巨大潜力。

区块链不同于以往的技术进步，它从根本上改变了人类社会的组织形式，改变了生产关系，同时建立了一个新的范式。区块链思维是一种新的文化，它带给这个世界一个全新商业模式。区块链的潜力诸多，但它也有局限性，只有理解了区块链的实质，我们才能理解这项技术最终能把我们带向何方，才能在技术革命的浪潮中掌握自身的发展方向。

这本书的英文原名为"Blockchain Babel"，翻译过来是《区块链巴别塔》。根据《圣经》记载，巴别塔是当时人类联合起来兴建希望能通往天堂的高塔，希望人与神之间建立某种联系。区块链技术的去中心化、公开透明等特点，使得人人均可参与数据库记录，从一定意义上来说，区块链可能是继巴别塔之后，人类重新建造"通天塔"的一次尝试。《圣经》中的巴别塔最终无法建成，也象征着远古人们思维方式的转变。类似地，被一些人神化的区块链技术确实对传统金融领域产生了冲击，但对于区块链初创公司、支付服务提供商以及银行等，在面对挑战的同时，应该正确理解技术的发展，发掘新技术所带来的新的商业模式及机遇。

该书作者伊戈尔·佩吉克是一位集记者、银行高管和大学教师于一身的行业专家，他的文本流畅，思路清晰，非常明智并且也非常大胆地澄清了区块链领域的许多神话和误解，该书能为从业者在区块链狂热发展浪潮中指点方向，从根本上帮助从业者，帮助他们正确认识区块链的真正商业潜力。

在过去几年，区块链浪潮已经冲击到了各个行业，区块链技术的集成应用，在新的技术革新和产业变革中逐渐起到了非常重要的作用，深入学习和应用区块链，是社会赋予每个从业者的社会责任。《区块链巴别塔》一书对于从业者更好地理解区块链的实质，掌握行业发展趋势将大有裨益，作为该书的翻译，能为业界带来更为理性的声音，我们深感欣慰。

在该书的翻译过程中，加拿大皇家银行的董方鹏博士给予我们大力协助，他精读了翻译稿并提出了很多珍贵建议，我们在此表示感谢！

王勇　陈秋雨
2020 年 12 月 31 日

目录

引言

欢迎加入加密货币浪潮 _ 3
我们信任计算机代码 _ 7
运作机制——克服双花问题 _ 14
释放链条——好到无须安全防护吗？ _ 19

第 1 章
区块链、比特币和分布式账本——解开迷雾看真相

为什么要停止银行业务？区块链 2.0 的梦想 _ 29
这是电子货币的第二次尝试，为什么这次它可能会成功 _ 35
颠覆那些颠覆者——区块链本身也可能会变得过时 _ 40
仍然不是一个新的互联网 _ 44

第 2 章
管制严苛行业里的自由主义幻想

在技术舞台上进行的政治斗争 _ 55
从牧师到支付指令——货币制度要求的短暂历史 _ 61

庞然大物的强力推手——为什么监管机构最终会选择技术形式　_ 69
版式战如火如荼　_ 74

第 3 章
可怖的剧变不会来临
——为什么银行业不会是另一个柯达公司

将价值链切割成一定规模　_ 83
海洋中的新鲨鱼　_ 88
现有市场参与者的困境　_ 96
克服惯性——自动柜员机示例　_ 101
只说不干还是战略优先——银行目前的行动够吗？　_ 106

第 4 章
数据巨头悄然而至

那些让银行瑟瑟发抖的金融科技公司是谁？　_ 115
数据巨头——真正的挑战者反而没有被关注　_ 121
支付是竞争的前线以及为什么移动钱包会改变游戏规则　_ 127
为了生存，银行应该避免音乐行业的错误——也要避免自己的错误　_ 132

第 5 章
寻找新的竞争优势

企业资源的力量　_ 143

银行被低估的核心竞争力 _ 146
价格战及银行应如何应对 _ 155
驶向新的大洋，这是一段危险航程 _ 158

第6章
商业模式演进——科技范式的到来

为什么安全争论是一场闹剧 _ 167
信息技术范式的市场规则 _ 173
"免费"商业模式 _ 181
品牌世界中的全球化竞争 _ 188

第7章
对某些人的绝妙承诺

通过解开资本约束从而释放市场自由 _ 195
史上最大规模的市场扩张——将面对 20 亿未开户用户 _ 198
银行业沙漠化和地方分化的威胁 _ 202
希望之光 _ 205

参考文献 _ 211

引言

欢迎加入加密货币浪潮

　　摩根大通首席执行官杰米·戴蒙（Jamie Dimon，2015）曾告诫该行股东："硅谷时代即将到来。"尽管他在这里没有提到比特币的名字，但他暗指比特币背后的区块链技术。这项技术有可能让金融业发生在过去百年来从未有过的变化。

　　区块链是一种计算机协议，该协议支持分布式账本，并有望实现几乎即时和免费的交易，资金和资产可以在没有中央授权的情况下进行转移，而交易验证是通过点对点网络来执行的，交易过程无须强大的中介机构来验证或进行交易结算。

　　这项突破性的技术不再只是猎奇的商人追逐的昙花一现的时尚。虽然比特币仍然是第一个最著名的区块链应用，但业界对于相关杀手级应用的追寻却是如火如荼。在过去5年，金融科技初创企业数量激增，业界如今已经有数千家初创企业在全球领域推动相关经济发展。投资者以前所未有的速度注入资本，在金融科技和支付主题的会议上，身穿牛仔裤的硅谷技术人员已经让位于身着西装的华尔街银行家。很多初创企业现在已经由有大银行管理经验的人员来掌舵，比如 R3 CEV 区块链联盟（R3 CEV Consortium，简称 R3 联盟），其背后列满了著名的金融机构，该联盟是由领先金融机构合作创立，其目的是确定成员之间共同的区块链标准。超级账本（Hyperledger）项目也有类似的商业应用目标。早在 2015 年，格林尼治协会（Greenwich Associates）的一项研究发现，有 94% 的华尔街银行家认为区块链具有永久性重塑金融业的潜力（Leising，2015）。我们看到一个新的行业正在崛起，以应对时代浪潮在它们各自领域上的威胁，银行家及其同伴正争先恐后，努力成为未来无现金世界的主要参与者。

> 业界在努力寻找杀手级应用。

银行并不是唯一迸发出想象力的行业。IT 巨头、媒体记者、企业家和风险投资家也纷纷投入淘金热潮中。关于比特币的学术研究正在飞速发展。根据加密货币新闻门户 CoinDesk 的数据，在两年内，关于该项技术的期刊论文数量增长了 267%（Hileman，2016）。

致力于这项新技术的杂志和研究机构遍布全球，这其中包括麻省理工学院媒体实验室的"数字货币倡议"（Digital Currency Initiative）等全球领先机构。这种浪潮的起因很明显：根据西班牙桑坦德银行（Bank Santander）的说法，即使在不改变商业模式的情况下，该项技术从 2022 年开始，每年均可为银行节省 150 亿～200 亿美元（Santander InnoVentures、Oliver Wyman 和 Anthemis，2015）。如果此项技术的潜力被完全释放，那就更难以估量它的影响力。虽然许多人认为区块链有着前所未有的潜力，但支付服务提供商、电汇服务提供商和信用卡公司等，却免不了为自己的核心业务而苦恼。这些机构的担心也是有根据的。即将登场的搅局者不仅仅是另一个贝宝（PayPal）。贝宝随时间以创纪录的速度增长，它吞下了支付利润大蛋糕的一大部分，但它只是在现有金融体系的基础上增加了一层。但区块链正相反，它将能够从底层颠覆整个支付系统。诚然，银行业和其他行业都意识到挑战已经迫在眉睫，但最终结果还未明朗。毕竟，历史已经表明，如果企业不与时俱进，那么其发展很容易会陷入瘫痪。惯性阻碍了它们，遗留系统拖累了它们。但是，初创企业真的能延续它们猛烈的进攻势头，并击败资金充足的巨头构

> 银行和其他从业者都意识到它们正在面临的挑战。

建的森严的企业联盟吗？云技术巨人和数据独角兽将扮演什么角色？毕竟只有谷歌、苹果和亚马逊是与金融巨头处于同一实力水平的公司。

区块链评论者——包括许多技术布道者、无政府自由主义者和行业专家——往往对技术的未来走向都会各持己见。然而，虽然信息技术和银行业的从业者似乎都对区块链有着不同的看法，但针对这个领域的系统性的研究或战略层面的分析却凤毛麟角。本书旨在填补这一空白。本书将区块链技术、金融历史、创新理论、竞争动态和管理战略的研究交织在一起，形成了一个展现全局的观点。即使是最好的历史学家也无法预测未来，也没有管理大师会给你需要他担负责任的建议。他们都会用官方术语和管理术语进行分析，但你可以依据他们观点中的有力部分做出明智决定。创新模式会不断重复，不管时间和地理区域怎么变，市场机制都是可靠的。尽管区块链可以改变游戏规则，但它并不是第一个冲击世界的新鲜事物。《区块链巴别塔》的目标是打破先锋者的热情和学术研究的冷静之间的障碍，同时提供一套可操作的、具体的战略指南。

这本书将揭示几乎每次关于区块链的讨论都关联的7个常见的神话。这些神话不仅持续存在，而且还绑架了众多媒体和专家的观点。它们遵循一致的内部逻辑，有选择地指出与知名案例的相似之处，似乎都符合时代精神，并迎合着全球反银行情绪，但经验证据胜于雄辩。本书指出，逻辑上的缺陷和差异，对于决策者更真实地了解未来的机遇和挑战至关重要。如果我们能在普通读者甚至是在区块链专家的心目中把技术要点阐述得更为清晰，那么我们的这种努力就是值得的。

这些神话也有助于促成本书的结构——书中每一章都着重反驳

一个误解。我将首先澄清社会影响和技术原则，接着将讨论关于寻找新的竞争优势和创新的商业模式，最后再讨论区块链是否真的有潜力推动经济发展和消除不平等的问题。

区块链技术的变革力量绝不仅仅局限于金融领域，这种力量也可以涉及如下领域：从安全身份识别和电子投票、艺术家和媒体专业人士的新薪酬模式，到智能合约和产权鉴定。各国政府已经参与到这项新技术研发中，英国推出的 D5 国际集团（D5 Group of Nations）在寻找法定货币的数字替代品，而美国五角大楼则在开发基于区块链的信息系统。专家们一致认为，我们再次目睹了互联网的诞生。然而，本书关注点将局限于区块链协议的核心，即银行业。金融体系是我们经济的命脉，其他行业都能受到金融体系的变化的影响。例如，小额支付和智能合约（指被编码到区块链上，并由算法自动执行的合约）依赖于支付区块链协议。最重要的一点在于，如果资本变得更便宜、更容易获得，这可以释放巨大的经济增长力，将为全球创新提供巨大潜力。

我们信任计算机代码

如果你问一下一般的商业媒体读者对于区块链的理解，他们会告诉你它与比特币和支付有关，从他们的认知中最终可以得出结论，这项技术要么将是一个泡沫，要么将会彻底改变金融业。而区块链的狂热追求者会纠正这一说法："这项技术将彻底改变每一个行业。"说到这里，他们也许会眉飞色舞，热情地打着手势补充道，"我们可以为每一个行业制造一枚加密硬币。"然而，当被追问到它是如何运作的时候，大多数人要么会给出一个非常肤浅的答案，要么淹没在技术细节中。确实，将技术的细节打包到给高管的摘要中是非常困难的。因此，狡猾的评论者会采用类比来说明问题，区块链会被称为"货币的互联网"（Swan，2015）和"货币电子邮件"（Blythe Masters，引用自 Wild、Arnold 和 Stafford，2015）。它也会被比作 Windows 或安卓（Android）等操作系统（*The Economist*，2016），甚至被比作互联网本身，关键区别在于它传递的不是信息，而是价值（Tapscott 和 Tapscott，2016）。这些类比为理解区块链提供了一个重要的起点，它们都将区块链视为一个基础设施，即一个货币交易应用程序可以运行的新的网络。

我们可以这么说，区块链是一个由应用程序组成的平台。但是，是什么因素使它与当前的支付和交易系统如此不同呢？重点在于一直被重复的像是永不停歇的那个短语，即**分布式账本技术**。[①]交易记录集并不是由中央权威机构或信用卡公司或交易处理商等特权中介机构保存和更新的，而是分布在全球不同的计算机节点上，它是一种基于点对点（P2P）技术的网络。因此，这就产生了区别当前银行网络和区块链系统的主要特征。首先，它消除了任何形式的中间人。我们可以用另一个比喻来解释这一点，我们可以将区块链应用程序视为一个在线的、协作的微软 Excel 文档，我们把网络中的每个人用增加行的形式来填充该文档当作一个交易，交易过程中无须管理员验证交易，也无须在其系统中存储主副本。相反，该

---

① 通常区块链等同于分布式账本，但这一观点并不完全正确。实际上，分布式账本是位于区块链顶部的协议，区块链本身不是账本，而是交易验证机制（即保证不同节点之间达成共识）。

文件存储在网络中的每台计算机上。当新的输入行被其他参与者确认后,它将被保存,同时网络中的每台计算机更新自己的副本。内容保存后就不能再被删除或修改——这是区块链的另一个显著特征。除非一种噩梦般的情况发生,即超过50%的节点合谋改变账本的历史。稍后我们将看到,尽管这种情况不太可能发生,但其发生的可能性比任何比特币拥护者都愿意承认的可能性都要大。这里的不可逆转性也为区块链赢得了"无懈可击的纪录保持者"的声誉(Umeh,2016)。

一个系统没有中央授权,这也意味着没有人检查节点的真实身份,尽管参与者可以在账本上看到交易历史,但只能看到交易方的元数据和化名。自比特币诞生以来,它就与犯罪和暗网联系在一起,对它常见的指控是该技术可被用于逃税和贩毒。这种被联想为带有犯罪成分的负面形象自然而然和比特币技术关联起来。这是另一种常见的误解,因为区块链确实可以在受控环境中使用。第一个P2P音乐共享平台纳普斯特(Napster)的运营超出了法律允许的范围,最终没有逃过被关闭的命运,但它也催生了许多其他P2P文件共享平台的出现,这其中包括声田(Spotify)等合法平台(*The Economist*,2015)。

比特币和区块链的诞生

2008年,中本聪(Satoshi Nakamoto)在一篇著名的论文中首次描述了区块链技术,该论文名气虽大,但颇具争议。比特币、区块链或其背后的机制此前从未被描述或被世人听说过。然而,至今也没有人知道作者的真实身份。中本聪向世界解释了比特币(第一种加密货币)的工作原理,没有人知道这位匿名发明家的动机是什么，没有人知道他还拥有多少比特币，没有人知道在今后若干年内该文章可能对区块链社区仍有什么样的影响。一直有谣言说，中本聪可能是某个国家的特工、某位著名的密码学家、当前的某位加密资产大亨，甚至也可能是某位名人［如埃隆·马斯克（Elon Musk）］。

区块链最初只是作为比特币的一种赋能技术而发展起来的，现在仍然经常被用来代指比特币。区分比特币、比特币区块链和区块链理念是很重要的，比特币是一种虚拟货币，它有特定的区块链，而以太坊等其他加密货币也有其自身的区块链。这些区块链中背后都有充当记录虚拟货币交易的账本。因此，虽然没有区块链，比特币是不可能实现的；但没有比特币，区块链却是可能实现的。

以比特币来展示区块链的工作机制

如果你感觉这些说法让你摸不着头脑，不必担心，很多人都有类似的感觉。比特币和区块链机制的抽象性和复杂度可能会令人不快，但如果该应用程序想要成为主流，其抽象性和复杂度还需要被最小化。为了让用户将自己的真金白银委托给比特币系统，首先需要让他们了解比特币系统的基本原理，并且理解这些原理是如何保

> 区分比特币、比特币区块链和区块链理念是很重要的。

证其能够像其他系统一样安全。当然，这也是难点所在，因此我们有必要更详细地看一下比特币系统，并以此来说明区块链的工作机制。

在开始时，网络中的每个参与者都必须将比特币程序下载到他的计算机上，然后将比特币区块链的副本保存到自己的硬盘上。之后，通过将程序加载到新网络成员的设备上使之变成一个新的节点。与志愿者网络 BitTorrent 类似的是，该节点也成为共享数据库的一部分。数据库的这种分布式特性使得监管机构很难控制此类网络。

要持有和使用比特币和其他虚拟货币，用户还需要钱包。"钱包"这个词听起来可能有误导性，这里的钱包并不是一个存放纸钞和卡片的实物，而是一个允许你在区块链上获取价值的软件。与其采用钱包的说法，也许采用**密钥**（Key）这个词汇更合适。想象一下，我们通过一个浏览器可以进入网络，而钱包的工作原理是类似的。唯一的区别是，在基于区块链的交易中，系统不会通过 IP 地址识别用户，而是通过一个没有人能记住的代码。当你把钱转给某人时，你的钱包会发出一个请求，你的钱包控制的虚拟货币数量减少，同时另一方的钱包控制的虚拟货币数量增加。接下来，区块链网络中的节点（在比特币网络中称为矿工）会检查各自的账目副本，看看交易发起人是否拥有这些必需的货币金额。他们将这笔交易与其他规范的交易捆绑在一起，创建一个新的区块，该区块将被附加到过去交易生成的区块链上，区块链就是因此而得名。

现在我们将要说明比特币的聪明之处，比特币的匿名性和安全性令人叹服，这一点也是比特币区块链技术上较为复杂的地方，请大家耐心听我讲述。通过另一个程序，每个交易都被加密成一个所谓的"哈希"(hash)值,这一取值具有一定的唯一性,并且具有统一的长度,哈希运算意味着将原始信息通过数学加密算法转换为代码,这一运算是通过单向加密完成的。因此,如果某人只有哈希值,他则无法找到初始输入变量。如前所述,每个哈希值都是唯一的,可以将其分配给特定交易。然后,从多个交易生成的多个哈希值被绑定到一个称为默克尔树(Merkle Tree)的系统中,将区块绑定在一起后,区块头也会被创立出来。区块头也是一个值,它还包括链上前一个区块的哈希,这是区块链能够防篡改的关键。由于一个区块头引用上一个区块,因此在不改变所有后续区块的情况下改变前一个区块是不可能的(Franco,2015)。每个区块上还印有确切的日期和时间,这意味着没有一个比特币可以被使用两次(Nakamoto,2008),图0.1显示了如何构建区块和哈希值。

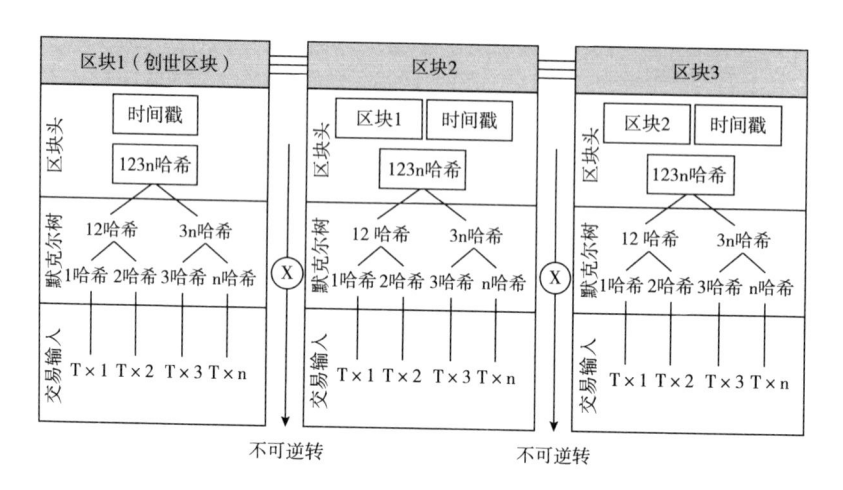

图0.1 区块建立过程和哈希运算机制

不过,这时交易尚未完成,针对新生成的区块头的一道数学谜题需要用哈希函数来解开。为了验证交易并将区块添加到区块链中，网络中的节点必须解决这个数学难题。在这里，节点的主要服务不是交易验证，实际上网络的每个节点都可以这样做。节点的主要服务是矿工们在解决谜题和投入计算能力时决定每个区块中要包含哪一个交易，他们有"对真相投票的权力"（Tapscott 和 Tapscott，2016）。

那么这个难题是怎么解决的呢？这取决于特定的区块链。在比特币系统中，节点解题是通过使用暴力解法来达到目的的，也就是说，他们试图通过反复试错来找到正确的结果，也就是一个接一个地尝试答案。每次猜对正确答案的可能性只有数万亿分之一。因此，计算能力越高，第一个找到答案的可能性就越高，因为节点可以更快地植入试用值，所以回报也很高。首先找到正确答案的节点会将新铸造的比特币纳入囊中。然而，在获胜节点取得信任之前，其他矿工必须验证获胜节点所提出的解决方案。难题正解一旦被求得，就可以快速执行验证。验证节点只需将正解值插入方程中，就可以立即检验其正确性。然后，账本会随着新区块中的所有交易相应地更新。基于区块头生成的哈希值被保存为账本的一部分，并被下一个将要链接到区块链的区块引用（Franco，2015）。在图 0.2 中，我们可以看到区块生成和验证过程的精简版本。在这一点上必须记住，区块链不是账户存储，而是记录其历史中所有交易的列表。

这一部分被归纳为"我们信任计算机代码"，这与美钞上的"我们信仰上帝"形成对比。然而，加密货币的信仰并不依托于上帝，也不依赖于中央银行或任何形式的金融机构。采用专用的机制来确定真相，这一做法会产生去中心化的共识——这是中本聪在 2008 年开创性的创新，也是一个完整的概念转变。然而，如果区块链要成为主流，那么无论在商业上还是技术上，权威的缺席都是一个不可持续的概念。比如银行，要将这项技术灌输到大众市场，否则它将永远被关在笼子里。因为从技术上讲，没有一个绝对分布式系统能够有效地控制每个支付系统所面临的关键挑战，那就是确保货币不被重复花费，即双花。

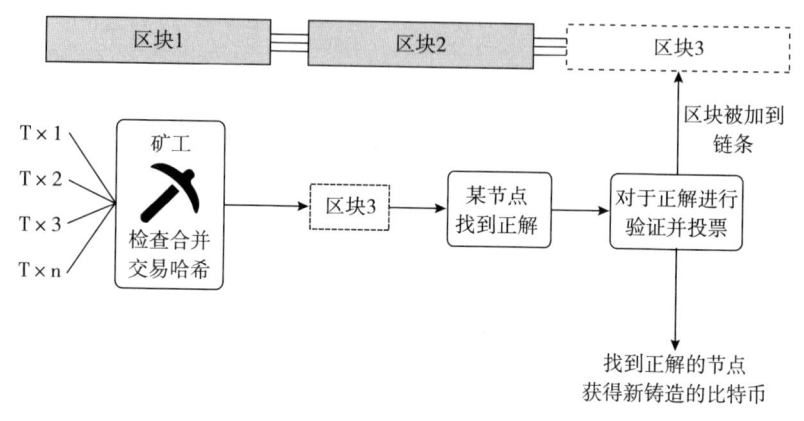

图 0.2　区块链加入新区块的过程

运作机制——克服双花问题

我们保存纸币和文件并不是因为这张纸制品很值钱，而是因为我们相信其他人也会认识到并认可它的价值。如今，大多数货币价值并不在纸币和硬币上体现。但是，货币和资产的数字化面临着一个其他领域所没有的巨大问题，这与照片或 PDF 文件，甚至大学文凭或出生证明都不同，如果货币在交易过程中可以被复制，其价值就会立即消失。换言之，我们如何确保一旦另一方收到钱，它也会在发送方的账户中消失，而不仅仅是成倍增长？在当前的银行系统中，解决这个问题的方法是每一笔交易都通过第三方服务机构来实现，这里的第三方服务机构包括汇款服务提供商、银行、政府机构、信用卡公司等。它们的任务是通过一个集中的数据库处理每一笔交易，对交易进行更新，导致交易周期成为一个资源密集型的处理过程，某些交易有时需要几天，有时甚至几周的时间来完成。

> 如果货币在交易过程中可以被复制，其价值就会立即消失。

在过去的半个世纪中，技术的发展引发了支付和金融交易两个引人注目的变化。首先，账本已经从纸质形式转移到了电子版形式。这些变化提高了交易速度，降低了操作风险。其次，智能手机的大规模普及推动了移动支付等创新业务，同时也将个人银行柜台转移到了每个人的口袋中。然而，底层的交易逻辑仍然存在，中介的多层结构验证了交易的每个步骤。每家银行都有主账，存放个人财产（Ali 等人，2014）。账户的主文件不仅包含客户的账户余额，还包含其过去 60 天、90 天或银行认为合适的任何其他时期的交易历史。此外，还有一些用于在整个系统中跟踪现金和资产的账本，以及持有从其他来源收到但尚未记录在主账中的交易的账本。然后有一个审计流程，跟踪记录每个参与者在整个流程的每个步骤，在这些账目之上是链接所有账本、主文件和日记账的处理软件，审计流程确保了它们之间的顺畅操作（Peters 和 Panayi，2015）。银行还持有与中央机构账目中对应的账户，例如中央银行，支撑其整个交易系统的是 SWIFT（环球银行金融电信协会）网络及其金融平台 SwiftNet，这是一个私有的交换网络，其机制并不是像区块链那样建立在一个 P2P 信任之上，而是建立在一个集中的模型之上。为了这些集中交易，参与者显然都要付出代价，汇款费用通常为交易价值的 8%~9%，而比特币交易费用仅为 0.01%~0.05%（Peters 和 Panayi，2015），该交易成本至少是全世界比特币拥护者的想象。3 年内，随着比特币的可扩展性（scalability）被推到极限，每笔交易的费用会飙升至 19 美元左右（Hertig，2018）。然而，可扩展性只是比特币的一个发展障碍，而与区块链无关。这里的关键在于区块链机制可以被精简，如果技术设置得当，它可以将成本削减到最低限度。

然而，交易成本不仅仅体现在费用上，时间也是一个主要因素。每笔交易都包括 3 个步骤。第一步从购买或电汇时的授权开始，这可以是商店的终端，用来验证你的芯片卡和可用资金数量，也可以是通过短信发送的四位数代码来验证银行电汇，授权至少要经过发卡行、收单行，大部分情况还要经过处理商和信用卡网络，这一步会在几秒钟内完成。第二步是清算，即双方为货币或者证券转移而更新账户和条款，这一步需要一天才能完成。第三步我们讨论的是当货币或者证券需要实际交换时的结算，也是最后一个步骤。结算也是最容易产生问题的步骤。商店内使用信用卡付款要通过多个中介机构，并在几秒钟内获得授权，但结算可能需要几天时间。汇款结算更容易产生问题，根据收单账户的地理位置，这个汇款结算可能需要一周的时间来完成。

比特币区块链上只有一个系统、一本账本。结算没有延迟,交易过程只需要授权和清算,那双花问题是怎么解决的呢?每个比特币都受一种被称为数字时间戳的机制的约束,一旦在交易中加上时间戳,比特币就再也不能被重复使用了。但真的那么容易吗?如果是,那么数字资产持有者只要在自己的数字价值代币上加盖时间戳不就可以了?事实上,网络节点之间的共识是有成本的,达成观点一致有不同的算法途径,比特币使用工作量证明(proof-of-work)机制。矿工想要在区块链中创建下一个区块并因此获得奖励,必须找到文件的唯一指纹,即前面提到的哈希值,他们必须是第一个解决这个数学难题的人。在工作量证明机制下,这些难题只能通过试错法来解决,这种暴力解题法运作机制是众所周知的,但它伴随着两个主要的缺点。

首先,工作量证明机制扼杀了操作的可扩展性,它在给定时间内可以执行的交易数量很低,而且是有限的。这就是为什么比特币不是区块链的杀手级应用,也就是为什么它永远不会严重威胁或取代现有的应用。中本聪将数据区块大小限制为1兆字节,相当于每个数据区块大约包含1 400个交易,或每秒大约7笔交易。相比之下,维萨(Visa)卡仅在美国,每秒就处理1 736笔交易。程序员们正在提出诸如比特币闪电网络(Bitcoin Lightening Network)之类的解决方案,但这些都是徒劳的努力,比特币从未被设置成主流货币。在我们研究有希望替代工作量证明机制的算法之前,还有一个原因造成了比特币不能成为区块链拥护者的旗手,那就是正如该机制的名称所暗示的那样,节点通过将巨大的计算能力投入工作而相互竞争,朝着正确的解决方案赛跑,因此哈希运算会消耗大量电能。多少电能算很多呢？大家可以猜猜看——别忘了，比特币每秒处理大约7笔交易，而不是目前由信用卡网络管理的数千笔交易。它的能源消耗能与中型公司相比吗？能和国际集团公司相比吗？能和一个城市相比吗？遗憾的是，这些答案都不对，比特币能源消耗比我们猜的都更严重。目前，比特币网络消耗的能源与整个爱尔兰国家的能耗一样多（Walport，2016）。不过这些估计值各不相同，其他人认为其与塞浦路斯的能耗相近（Kaminska，2014），而这用来比较的仅仅是比特币挖矿的电费单。除此之外，大多数挖矿设备必须在3~6个月后被淘汰以保持节点的竞争力，这对环境是一个巨大的负担（McCook，2014）。运作可持续性，在中本聪的文章中没有被论及。

然而，其他区块链应用程序和平台的验证方式不同，这从某种意义上弥补了能源消耗的缺点。前沿（Frontier）是一款运行于比特币主要竞争对手（以太坊区块链）之上的应用，它选择了权益证明（proof-of-stake）机制，在这一机制中，对特定区块链有更大利益投入的节点会具有更大的影响力。

在权益证明机制里，如果你拥有大量加密货币，你就可以获得更多确认真相的投票权。因此，节点的权重不受其计算能力的影响，而是受其他代币的影响，这样做的最大优势就是能源效率。如今各种验证机制层出不穷，恒星（Stellar）区块链也使用权益证明机制，但依赖于社交网络。其他验证机制还包括容量证明和存储证明等，即矿工分配硬盘驱动器来寻找哈希值，这些机制使用专用的资源来运作，这对于整个区块链来说是有意义的，因为它从一开始就必须被保存和维护。区块链拥护者还梦想着通过智能合约链接到网络，以此来执行数十亿笔交易。他们的愿望是，在一个机器对机器（M2M）连接的世界中，每个家用电器都有某种计算和存储能力，并连接到一个信息网格，这样就有可能将未使用的资源提供给区块链（Tapscott 和 Tapscott，2016）。

如果安全成本——我们为安全买单是为了保护货币的价值，那么区块链技术真的安全吗？

释放链条——好到无须安全防护吗？

区块链的主要优势之一是其交易的防篡改性，其账本是不可破解。只有当大多数节点都同意，才能更新记录。欺诈是不可能发生的，每个节点都可以看到所有交易。如果交易真的发生了，网络中的其他每个节点都会看到它。该系统基于这样一种理念，无论每个个体是否是网络的一部分，他们均不能被信任，但由于激励机制的存在，节点之间仍然能够达成共识。人们的行为是可以预见的，因为他们是由自身利益来驱动的。如果一个单一节点变成了无赖节点，那也没什么大问题，因为大多数人会对真相进行投票。验证机制是安全的，因此比特币也是安全的。实际情况基本上也是如此，直到 2014 年"门头沟"（Mt. Gox）丑闻震撼了比特币世界。"门头沟"是 2010 年在日本东京诞生的比特币交易所。在被攻击前，该交易所迅速飙升成为全球最大的比特币交易所，其处理的比特币交易占所有交易的 70%。在一次无声无迹的抢劫中，价值 4.5 亿美元/85 万个客户的比特币被盗，其中大部分比特币再也没有出现过。被操纵的自动化程序把比特币的价格推上了过山车。很多人损失惨重，比特币基金会（Bitcoin Foundation）也因此宣告破产（Skinner，

2016)。4.5亿美元的黑客攻击并非孤立事件，例如，斯洛文尼亚交易所 Bitstamp 被黑客攻击时，价值 500 万美元的资产被盗（Umeh，2016）。类似这样的安全漏洞导致 IT 安全专家卡巴斯基实验室（Kaspersky Labs）得出结论，黑客有可能用恶意软件感染区块链中的交易（Heires，2016）。这也就引出一个问题：区块链到底安全吗？

比特币拥护者认为，让人们失望并让比特币投资者付出如此高昂代价的并不是技术本身，而是人类自身的错误。他们这么说确实有一定的道理。区块链技术的核心是确保资金不能被双花，但我们需要的是要在更广泛的层面上确保安全。当我们谈论区块链安全性时，实际上我们谈论的是数据完整性，这必须包括数据的整个生命周期，必须保证数据在所有阶段的准确性、一致性和有效性。我在前面已经指出了我们需要考虑的 3 个风险：账本的可用性、离线数据安全（即交易之前/之后）和在线数据安全（即交易期间）。对于比特币这样的加密货币来说，还有第 4 个风险，即货币风险。加密货币与法定货币截然不同，因为加密货币不受通胀的影响。中本聪所担心的一个问题是，通过增加比特币的供应量，比特币的价值将会下降，这也是他将比特币总供应量限制在 2 100 万个的直接原因。比特币没有中央银行或美联储（FED）可以影响流通中的货币数量。相反，新比特币的产生是按照预先确定的机制来进行的。在最初的 4 年，每完成一个区块并与前一个区块相连，矿工就会收到 50 个比特币。此后 4 年，比特币的数量减少一半，这种减半机制将以同样的速度持续到 2140 年。在这一年，将达到流通比特币的总数（Donnelly，2016）。这与一家初创企业的股票类似，确保了早期的支持者有很大的动力保持网络的运行。不过，与此同时，这将导致传统货币所不具备的问题，例如，如何激励矿工在 2140 年后继续执行身份验证。此外，在没有实体经济支持、没有国家银行支持下，虚拟货币也会受到巨大的货币波动的影响。例如，CoinDesk 发布的美元比特币价格指数（USD Bitcoin Price Index）在 2016 年上半年价格上涨了 56%（Bovaird，2016）。比特币所有权集中度是另一个问题，世界上有 937 人拥有大约一半的流通比特币（Wile，2013）。对货币波动性的详细研究超出了本书的范围，如果读者想了解更多关于通胀或缺少国家银行支持等话题，可参见保罗·维格纳和迈克尔·卡西所著的《加密货币：虚拟货币如何挑战全球经济秩序》一书。

> 比特币拥护者认为，让人们失望并让比特币投资者付出如此高昂代价的原因并不是技术本身，而是人类自身的错误。

无论是基础数字货币还是法定货币，现在让我们回到适用于所有区块链的 3 个安全维度。首先要看的是系统的可用性和数据。在这里，基于区块链的应用程序比中心化的系统更具优势，因为分布式账本更有一定弹性。如果银行有信息技术问题，导致客户无法访问其主账本，那么在问题解决之前，客户将无法执行转账或取回资金。不过，如果资金被储存在区块链上，情况就不会是这样了。任何节点上的数据库复制都可以确保即使某些节点变得不可用，用户仍可以访问数据，安全级别只会随着计算能力的损失而有所降低。

数据离线时（换句话说，不是当前交易的一部分）的安全性又如何呢？区块链捍卫者认为，在"门头沟"交易所和其他丑闻中，安全问题在于数据的存储和处理。在这里人们可以感受到从网络中剔除金融机构后发生的情形，这会使个体承担更大的责任。商业银行的电子存款在可复原方面更为安全。如果我丢失了密码，只需点击几下就可以收到新密码。一旦区块链账户的私钥丢失，数字资产也会永远丢失。即使区块链摆脱了金融中介机构的束缚，某些区块链应用还是不可避免地会存在中介机构，例如，CoinSpark 公司充当区块链公证人，所以客户仍需要一个公证人和一个交易所。你的数据（你拥有的数据资产）仍然会经过很多人的手，你必须相信他们会正确地存储你的数据。最后的结果是，即便你的财产因某种原因没有被支付到你的账户，你也不会受到任何银行监管的保护。从这方面讲，这是一个冒险的赌注。

那么，在交易过程中，情况又怎么样呢？与智能卡交易一样，区块链技术依赖于高级加密技术，即公钥基础设施（PKI）。这是一种经过精心设计的非对称加密技术，在这种加密技术中，通信双方使用私钥和公钥以确保没有其他人可以窥探他们的通信。这些公钥和私钥是字母数字序列。公钥，顾名思义，人人都可以知道；私钥只有密钥持有者知道。只有同时具备这两种条件，收件人才能破译信息。PKI 机制降低了数字通信的风险，因为它确保发送的数据是真实的和保密的，谁也不能干涉，没有人能窥探。

所以通信是真实和安全的。但是如果这个机制被欺骗了，情况又会怎样呢？如果节点为了在对真相的投票中获得对自己有利的结果，从而在一开始就发送错误信息，那会怎么样呢？在比特币文献中，这种情况被称为女巫攻击（Sybil）或身份伪造攻击。要做到这一点，需要网络一半以上的计算能力，所以这种手段也被称为51%攻击。理论上，如果任何人将超过一半的节点或计算能力置于自己的控制之下，他就可以重写整个区块链的数据。但这样做，并不是那么容易。中本聪在节点寻找正确答案去解谜题的阶段，建立了3个原则来保证比特币的安全。第一是概率，节点使用暴力算法求解目标哈希值，他们需要一个接一个地尝试输入值。因此，无法预测哪个矿工将解决这个难题从而获得更新区块链的权利。第二道防线是历史数据。每一个区块都与前一个区块相连，一直连接到创世区块（*The Economist*，2015）。改变之前的区块将导致昂贵的能源成本，以至于任何潜在的财务收益都将被抵消。区块链越长，数据就越安全，改变区块链所需的计算能力也会增加（Tapscott 和 Tapscott，2016）。更改前一个交易将更改哈希值，哈希值被合并到所有后续区块中。因此，要修改一个过往区块，节点还必须修改之后的所有区块，办法是为每个区块重新执行工作量证明（Nakamoto，2008）。第三，比特币的激励机制也有利于对真相进行"诚实"的投票，为了获得奖励，节点总是在最长的链条上工作，由此使得更改账本上的历史记录变得不可能（*The Economist*，2015）。实际上，一半以上的计算能力不太可能进行共谋，特别是考虑到目前比特币节点大约有10 000个之多。[①]

对于区块链还有其他质疑的声音，这些声音许多是特别关注使

---

① 根据 https：//bit nodes.21.co，精确数字为 11 147（2018 年 2 月 15 日）。

用工作量证明机制的区块链。比特币开采并不是在一个平等的竞争环境下进行的，固有的不平等可能会导致垄断加剧，自私的矿工可以联合起来提高他们获得奖励的可能性。因此，其他矿工将出自自身利益加入最大的挖矿集团，并可能会形成一个大于50%的节点，这在过去几乎发生过（Eyal和Gün Sirer，2014）。大家需要注意，这一努力不是为了获得大多数节点，而是为了获得计算能力，大型矿厂的投票算力比个人家用电脑的节点要高得多。

最后，真正的问题不是区块链技术是否完全安全，而是它是否比目前的系统更安全。在过去，当银行抢劫犯用上了枪支和高性能车辆逃跑时，人们已经不再做绝对安全的假设——甚至连藏在重型钢制保险库门后的现金也可以被席卷而空。如今，黑客在键盘上敲击一些难以辨认的密码的画面大家已经习以为常，但颠覆银行业的尝试确实会持续存在，窃贼现在可以攫取的钱财比过去任何持枪蒙面强盗都多得多。在美国，仅在2016年，银行卡欺诈给银行业造成的损失就超过228亿美元，也就是说每100美元交易就有7.15美分被窃取。欺诈增长趋势并不乐观，这一比例从2015年的每100美元6.97美分或2010年的4.46美分持续上升（The Nilson Report，2017）。即使能够在全球11 000家金融机构之间进行货币交易的SWIFT网络，在过去也曾遭到黑客攻击。在一起案件中，孟加拉国和厄瓜多尔的银行损失了9 000万美元（Burne和Sidel，2017）。系统的一个弱点是，现有的数据管理基础设施一般都是基于以前已经过时的IT遗留系统。在新系统中，存有已经过时的软件，这些软件被简单地添加到新系统中，这增加了安全维护成本，提高了系统的复杂性和易受攻击性。银行使用的IT系统和接口越多，对潜在攻击者就越有吸引力。在数字世界，没有一个堡垒是不可征服的。

思考一下，一般来说平均每 1 000 行代码会有 10~15 个错误，而先进的软件公司可以将其减少到 0.5 个，但即便如此，也总存在黑客可以用来发起攻击的漏洞（*The Economist*，2017）。因此，每淘汰一个旧的 IT 系统，都会削减代码行数，从而增加安全性，区块链机制就有助于做到这一点。读到此处，我想祝贺你具备了说服你们公司首席安全官的知识。但真正的挑战来了，消费者准备好了吗？

> 颠覆银行业的尝试，会持续存在。

第1章
区块链、比特币和分布式账本
——解开迷雾看真相

神话：区块链是第二代互联网，其影响力和互联网等同。

为什么要停止银行业务？区块链2.0的梦想

近几年关注区块链的人会注意到，区块链已经从一种默默无闻的、促成交易的在线技术转变为一种包治百病的灵丹妙药。一旦你手里拿着一把锤子，你眼中的一切都会突然变得像钉子，区块链就是锤子。我们已经确定八大类区块链应用，包括：

- 一般应用。
- 加密货币。
- 金融交易。
- 公共记录。
- 身份识别。
- 鉴证。
- 实物资产密钥。
- 无形资产。（Swan，2015）

上述每一项应用都被认为具有不仅仅是颠覆单一行业，而是会对整个经济产生革命性影响的潜力。以产权保障为例，在许多欠发达国家，由于无法无天的统治者、腐败的司法系统，以及——用区块链拥护者的术语来说——具有可塑性的财产登记的存在，产权往往得不到保护。如果你是一个对当局持反对态度的人，如果统治阶级的一员想强占你的土地，并将土地转给他们的亲属，或者国王想要强占你的财产来修建一条高速公路，那么你基本没有什么反抗机会。财产登记记录会被更改，你的财产也就不再属于你了（Tapscott 和 Tapscott，2016）。这对个人而言是灾难，对整个经济来说也是有害的，这使得土地或其他房地产作为抵押品变得更加困难。这样，企业也不能用财产作为抵押去开展新业务。这反过来会减少投资，并影响国家的就业水平（*The Economist*，2015）。此外，外国人在投资该国家之前，也会三思而后行。

区块链可以解决的另外一个问题是控制知识产权滥用，该实践的支持者告诉我们，区块链将使小额支付变得可能和可行。艺术家、记者和电影创作者的报酬可以是以美分来计，而不是眼看着自己的劳动成果被非法下载，而自己一无所获。区块链还可以彻底改变安全数字身份验证，投票是一个被广泛引用的例子。将身份证明放在区块链上，可以防伪，并促进民主，执政党将不再能够操纵投票，黑客也不能干预选举。不可篡改的账本还能确保外国援助达到其目标（Tapscott 和 Tapscott，2016），也能确保医疗部门的电子病历的安全（Baxendale，2016）。世界各国政府都已经意识到这一潜力，并正在努力加以利用，这尤其适用于 D5 国际集团（爱沙尼亚、英国、以色列、新西兰、韩国），该集团正在努力实施与区块链相关的技术，爱沙尼亚已经推出了基于分布式账本技术验证的电子税务或电子商务登记等服务（Walport，2016）。

虽然这些可能性引人遐想，但它们过于简单化。一段代码真的能阻止一个非洲独裁者侵占一个农民的土地来修建一条公路吗？用户真的想在每次阅读一篇文章时都要不厌其烦，仅仅是为了给作者一分钱而做一笔交易吗？至于选民身份证明，你如何确保输入字母符号的人真的就是身份证明上的那个人？这种技术至上者认为，一种工具本身将会使世界变得更美好。毋庸置疑，区块链是强大的，但市场如何应用该技术才是更关键的因素。

这就是"智能合约"的由来，我们到目前为止讨论的所有内容都可以归入"区块链1.0"，而智能合约将区块链提升到下一个层次，即区块链2.0（Swan，2015）。关于智能合约，一个经常被引用的例子如下，如果车主没有支付每月的租金，汽车就会自动锁上门，租车契约条件被编码到算法中并自动执行，而不是由人工核查来执行。智能合约的概念并不是什么新鲜事物，这个概念最初在20世纪90年代就已经被讨论过（Szabo，1997），但直到区块链出现，才为其应用奠定了技术基础。以太坊是使用智能合约的区块链平台的一个很好的例子，以太坊是一个建立在强大区块链基础上的平台，这个平台围绕着价值和保护所有权运行应用程序（App）。通过使用智能合约技术，以太坊已成为顶级区块链项目之一。该项目币价从2017年1月5日的11.29美元飙升至一年后的1 044.54美元（Coinmarketcap，2018）。与此同时，传感器正在进入几乎所有的设备，汽车和智能手机充斥着这些原件——5年前，谁会想到冰箱将由连接到互联网的传感器组成，通过监控库存和饮食模式可以自动订购食物？我们正处于互联设备经济的开端。高德纳（Gartner）咨询公司在2015年估计，2020年物联网（IoT）的联网设备数量将达到惊人的 208 亿台，比 2016 年要多出 64 亿台。这个爆炸性的数字使得每天的集中管理越来越艰难，即便是 IBM 这样的当前头部公司也承认，集中式模式在物联网领域行不通，它声称"现在是从云数据中心转移到你家门口的时候了"（Pureswaran 和 Brody，2015）。为了以合理的成本管理互联智能设备的全球系统，我们需要一个无须担心信任问题的 P2P 系统。由于区块链提供了分散的共识，由此，IBM 报告得出结论，区块链不仅是便利交易的技术，也是设备之间的协调器。

> 毋庸置疑，区块链是强大的，但市场如何应用该技术才是更关键的因素。

这种应用的爆炸性增长还得益于一种新的投资工具的发明，即首次代币发行（Initial Coin Offerings，简写为 ICO）。ICO 可以用来为一种新的加密货币或代币筹集资金，早期的投资者购买代币，并希望这些代币会增值。它类似于一家公司的股票，但你得不到股息。一些 ICO 甚至可以在网络中为持有者配备投票权，因为它们的技术基础可以赋予节点持有特定权益的代币。

既然有了这些令人兴奋的新的可能性，为什么《区块链巴别塔》只专注于银行业？第一，即使是智能合约依赖于区块链，但也是为经济体服务的新的（微观）支付层。第二，金融业经常在新的商业模式、市场动态和资本方面为其他行业铺平道路，如果区块链成功释放那些被束缚的资本，那就可能会引发全球投资热潮。第三，区块链专家似乎一致认为，金融将是转型的核心领域。在一份年度调查报告中，CoinDesk（Hileman，2016）通过采访意见领袖发现，77%的人相信金融业将是受区块链影响最大的领域，而54%的人认为身份验证会受到最大的影响，只有38%的人认为财产确权会受到最大的影响。

金融是区块链的风向标

但即使我们仅仅聚焦区块链和金融，各种可能性似乎也是无穷无尽的。加密货币、交易和汇款方面的应用最具迫切性。金融区块链分为四类：零售支付、批发支付、资本市场和证券服务（Wyman和Euroclear，2016）。零售支付是最引人关注，也是最重要的，大多数应用程序都关于这一类，也是其他应用的基础。这些应用涵盖多种货币，包括加密货币和传统货币以及相关的汇兑和钱包。批发支付包括修复整顿银行网络和跨境融资。有了区块链，我们可以轻松地做到在公司之间，甚至国家之间进行资金转移。区块链还将影响资本市场和证券服务，这主要体现在证券和资产结算方面。最后，区块链可用于贸易融资和交易银行业务，包括供应链和应收账款融资以及大宗商品贸易融资。我们这里不是在谈论遥远的未来，纳斯达克已经建立了一个基于区块链的解决方案，被称为纳斯达克Linq（NASDAQ Linq），可以帮助公司以数字化方式代表股份所有权（NASDAQ，2016）。所以，这个列表显示了其应用领域的丰富性，意味着区块链就是灵丹妙药。然而，我强调这一点，并不是为了强调其重要性，而是为了阐明一旦贷款、债券、股票和衍生品加入区块链上的支付转型，将会出现的一个核心问题，那就是互操作性（interoperability）。我的意思是说，不同的区块链将被互相使用，它们都应该是兼容的。公司（尤其是金融机构）将成为多个基于区块链的账目的一部分，如外汇网络、债券网络、比特币网络等。这一现象告诉我们两件事，第一，挖掘新技术全部潜力的唯一方法是将信息技术公司和金融机构联合起来，由组成的联盟来定义共享标准。其中一项工作已经在进行中，即由 Linux 领导的 Hyperledger 项目，硬件、软件平台和应用程序需要协调一致。第二，没有任何应用程序能够在区块链世界中独领风骚，任何一项应用程序的决定性卖点将是它是否能够轻松地集成到其他系统中。

对于区块链来说，金融是（而且可能永远是）风向标。正如我们刚刚看到的，金融服务领域有各种不同的建设项目。那么，我们是否真的有必要为电子投票等其他应用领域而操心呢？我想在这一章中提出的主要论点是，金融业人士不能将新技术视为一种威胁，或仅仅是一个削减现有 IT 系统的机会。仅仅从提供更便宜的金融服务的角度来看待这项技术是一种狭隘的观点，会忽略该项技术一个潜在的核心竞争优势。银行、信用卡公司等都是被信任的机构，几个世纪以来，人们把最宝贵的物质财富托付给它们。有了区块链，它们就有了一个工具来利用这种信任打入新市场、开展新业务。这些市场在许多小型和专业公司看来都是高利润的。请记住，区块链的财务层面支撑着许多其他领域，因此区块链战略不能以货币交易作为结束点。但是，在我们深入研究战略之前，让我们先来看看为所有这些不同领域都能带来信任的机制。

> 对于区块链来说,金融是(而且可能永远是)风向标。

这是电子货币的第二次尝试,为什么这次它可能会成功

拓荒者得箭,定居者得地。这是占据很多新闻头条的开拓者们亲身经历的真实感受,伟大的幻想家和发明家有各式各样,但比起其他要素,他们更需要正确的时机。毫无疑问,中本聪 2008 年的论文是开创性的,但如果它比 2008 年早 10 年问世,就不会有人关注它。事实上,在中本聪撰写论文的时候,加密支付早已经被发明出来了。1983 年,密码学家大卫·乔姆(David Chaum)已经注意到了信用卡支付的不安全性,这尤其体现在互联网上。因此,乔姆发表了一篇论文(1983 年),描述了一种可以保证互联网支付匿名性和安全性的早期形式的加密货币,他将这种加密货币称为电子现金(electronic cash 或 e-cash),这是一款用户可以安装在个人电脑上的软件,资金是存储在该软件中的,但这仍然需要有一家银行来保证资金的真实性,并通过加密签名确保它不会被双花。在许多方面,电子现金的运作方式与贝宝类似,那就是通过向零售商提供信用票据作为担保,从而从银行账户或信用卡中提取资金。无论如

何，零售商需要有一个银行账户，从而可以将电子现金转换成"真实"的货币。当然你还可以将其与预付卡进行比较，后者只有在附加了虚拟钱包的情况下才能存储数字货币。因此，早在1983年我们就已经把法定货币兑换成了一种数字代币，而这种代币可以进行匿名、安全、快速地转移。这听起来感觉很熟悉吧？尽管区块链使用不同的验证机制，但为用户提供的益处两者几乎相同。

> 比起其他要素，开拓者们最需要的是：等待正确的时机。

那么，为什么乔姆的公司DigiCash不得不在他离开公司两年后（即1998年）申请破产呢？这里并不是说乔姆是个糟糕的企业家，事实上，花旗或微软等大公司都曾和他一起合作。创造了Windows的制造商微软公司甚至一度向他提出支付1.8亿美元，让微软每台电脑都能使用该程序。那么，是不是他的营销策略做得不好？是不是未能说服关键合作伙伴？或是犯了其他一些改变游戏规则的错误？以上都不是。德意志银行、瑞士信贷和奥地利银行都积极向客户提供电子现金服务，从而都愿意与他合作。银行已经意识到这项技术的潜力，并将其作为互联网支付的附加选择进行了测试。乔姆尽管有这些主要的合作伙伴关系，但其技术并没有起飞——这是因为终端客户并不感兴趣。

乔姆和他的先进思想走了很长一段路，但他早了几十年。他可能是第一个尝试螃蟹的探索者，但他的创意来得太早，这一点很遗憾，他没有获得与中本聪同样的认可，他也没有激发 TechCrunch 博客上关注这些技术的大量文章出现。

尽管比特币还是终于起飞了，有些人则会说，比特币的成功是因为比特币并不是当前银行业结构之上附加的一层。但在分布式账本上一个区块后添加另一个区块的方式，真的是比特币成功和电子现金失败的原因吗？对于比特币的第一批用户来说可能就是这样，完全绕过现有的银行系统的能力使得比特币产生了与网络阴暗面关联这一特性，但这并不是加密货币和区块链被炒作的原因。自 1983 年以来，世界发生了翻天覆地的变化。最初，只有胆子很大的消费者才在网上购物，支付方式以现金为主。如今，美国信用卡、借记卡和预付卡的年交易总额为 31.878 万亿美元（The Nilson Report，2017b）。网上银行正在取代银行网点，预计到 2022 年，美国银行网点人流量将下降 36%（Peachey，2017）。自动柜员机（ATM）、笔记本电脑和手机将助你完成一切银行业务。你还记得上次去零售银行的营业部是什么时候吗？此外，支付终端无处不在，2016 年，美国新装支付终端的数量为 5 420 万个，比上一年增加 1 000 多万个（The Nilson Report，2017a）。贝宝支付已经成为美国最大的在线支付方式，覆盖全球超过 3 540 亿美元的支付量，拥有近 2 亿个活跃用户账户（Statista，2017）。移动支付也正在增长，2017—2022 年，美国移动交易预计将增长 132%（Pilcher，2017）。关键的是，普通人已经开始习惯于数字代币的价值，而消费者购买决策有时是取决于付款方式的容易程度，人们可能会避开不提供信用卡支付的商店。研究表明，美国不提供信用卡支付的企业平均每年都会损失 7 000 美元的收入（Intuit，2012）。

在美国，人们也变得更加不耐烦，你有没有在收银机前排队时，恨不得狠狠地踢收银机终端几脚来加快处理速度？非接触式的卡片提高了我们的期望值，因为不必为小额交易输入 PIN 码，这会使排队速度更快。我们不必再把一张塑料卡插入终端，而只需轻轻触碰它就可以了。因此，非接触式支付推动了许多其他支付形式的兴起，包括将 NFC 芯片（近场支付）放入一块塑料、一个非接触式贴纸，甚至是一个毛绒吉祥物。我们经历了铜、纸，甚至塑料方面的进步。现在每个人都知道，如果你在支付终端上点击万事达卡（MasterCard），钱并不是由卡车从一家银行运到另一家银行的。数字账本在后台更新的思维已经在民众思维中扎根，密码学和数据安全的思维也同样被熟知。计算机和互联网普及率创下历史新高，全球 51.7% 的人口拥有互联网——在欧洲为 80.2%，在美国为 88.1%（Inrernet World Stats，2017）。更重要的是，电子商务取得了令人印象深刻的进展，并占据了所有零售支出的 8.7%。如果你相信市场调研，电子商务将在 2020 年前实现两位数的增长（eMarketer，2016）。与 30 年前不同的是，现阶段人类争取的目标是建立一个覆盖全球的简单、安全和廉价的支付系统。

银行现在也有了更强的动机，正如我们在本书引言中所指出的，仅削减信用卡欺诈一项就可以每年为金融机构节省近 230 亿美元。但这并不是全部原因，因为还有一个更大的威胁正在敲响银行的大门，那就是独立金融科技公司。要了解金融科技公司所构成威胁的严重性，我们需要看看近期以来支付业的发展历史。随着支付流程的发展，新功能被添加，支付链也被延长了。在这个环节的每一步，都会出现一种为支付过程中的一小步提供服务的新型参与者，这使得这些参与者能够获得专业知识和规模优势，从而在全球范围内开拓出极其有利可图的小众市场。这些参与者不是独立的，而是银行子公司或合作伙伴。在银行业，这种情况被称为"合作竞争"。由于市场的高度集中，支付价值链各组成部分的参与者之间在竞争的同时也必须进行合作。只有当客户知道他们在每家商店都可以使用自己的卡片，或者他们不必在特定的银行开立账户来支付电费时，支付工具才起作用。因此，网络、发卡人和支付技术的用户别无选择，只能与竞争对手合作，建立一个联合基础设施。有时，这一努力需要几十年的时间，由于这些步骤的复杂性和相互依赖性，银行不得不在为争夺客户的同时，找到彼此间共存的方式。这是造成当今行业规模和静态结构的一个主要原因，也解释了当前传统机构所处的舒适位置。然而，与此同时，合作竞争使它们容易受到当今数字竞争对手的攻击（McKinsey，2017）。区块链金融科技公司不会让银行过时，但它们可以在不使用银行现有基础设施的情况下与银行瓜分利润，这就是它们不同于那些不能绕过基础设施的非区块链金融科技公司的原因。虽然在20世纪80年代，客户界面是银行的特权，但如今的年轻初创企业正对这项特权发起冲击。

让我们回到拓荒者和定居者那个比喻，如今的区块链公司并不是毫无希望的冒险家，它们中的一些确实是拓荒者，另一些将被证明是定居者，但它们面临的运作环境都不再像电子现金面临的环境那样恶劣。这不是因为幸存者们已经屠杀了原住民并夺走了他们的地盘，而是他们会向原住民兜售新的思维，并向他们出售使之成为现实的工具。对乔姆来说，他的业务时机不对，但他失败的另一个原因是，他低估了既有势力在银行业的力量，他最终没能签下大合同。微软给了他 1.8 亿美元和一夜之间占领全球电脑市场的机会，但他对此嗤之以鼻。即使觉得自己高人一等的聪明的定居者，也知道什么时候该咬紧牙关做出妥协。他们必须了解自己的弱点与合作关系带来的长期潜力。

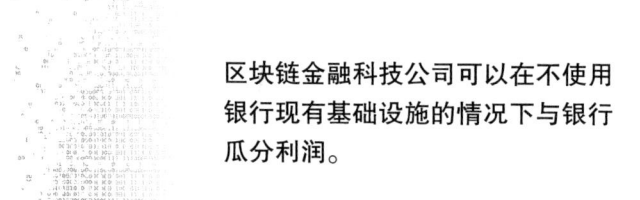

> 区块链金融科技公司可以在不使用银行现有基础设施的情况下与银行瓜分利润。

颠覆那些颠覆者——区块链本身也可能会变得过时

许多作者和自称的专家都热衷于描述区块链的优点，他们往往没有认识到区块链的弱点。到目前为止，我们研究了阻碍区块链主导市场的两个主要缺点：可扩展性和能耗。在第 2 章中，我们将探讨不同的技术设置如何弥补这些缺点。然而，其他障碍只能随着时间的推移而消除，即使是最直言不讳的区块链拥护者（如 Tapscott 和 Tapscott，2016）也承认，这项技术还没有准备好进入高峰时期。除了其他限制因素外，它还缺乏"**交易处理能力**"（the transactional capacity），这意味着，如果大规模冒进地部署，系统可能会出现缺陷（bug）和故障，基础设施也还没有准备好。加密货币的流动性不足以应付用户的激增——而且，如果没有疯狂印钞票（中本聪的噩梦），加密货币流动性将长期保持这种不足的状态，而就比特币而言，这种情况会永远持续下去。在默认情况下，比特币铸币量会逐渐缩减，并在2140年左右彻底停止铸造新币。

另一个需要解决的潜在问题是，用户界面目前对消费者都不是很友好，业界还需要开发新的、更好用的钱包。大众对数字货币的获取和使用方式缺乏认识。同样，围绕加密安全问题的复杂性也阻碍了该技术成为主流。对于目前的大多数区块链应用而言，用户需要私钥才能访问他们的资金，而保持私钥的安全至关重要，因为整个技术依赖于公钥、私钥密码机制。这是一个主要的运营风险，因为一旦用户忘记或丢失了他们的密钥，他们在区块链上拥有的财产就会永远无法恢复。区块链没有密码重置机制（Peters、Chapelle 和 Panayi，2014），也不能通过身份证或指纹来证明账户所有权，正确的密钥是资产所有权的唯一证明，我们在这里并不是在讨论一个四位数的 PIN 码；而实际上，这里的密码可能是一个32个字符的字母数字串，那么丢失密钥是非常可能的情况。还有一些其他潜在的问题，例如，如果你发现密钥被盗（目前没有办法阻止这笔钱被盗用），你也不可能更改密钥，你必须创建一个新账户并转移所有资金，才能获得新密码。此外，人们还没有形成切实可行的习惯来保护自己的数字财产，你还记得在外部硬盘上不断备份你的财务数据吗？你经常使用密码重置功能吗？与其他挑战相比，这些问题很容易解决。像互联网金融圈（Circle Internet Financial）和 Xapo 这样的公司已经在开发用户友好型钱包，在这种情况下，每次交易都不需要输入32个字符的密钥，这些公司希望通过一个易于使用并且直观的界面来主导前端市场。

在计算比特币等新兴货币的价值时，消费者可能也会很麻烦，他们需要在心态上做出重大改变，才能轻松地做到这一点，你能迅速说出0.2267比特币买一辆自行车是否划算吗？比特币的币值要用多达8位小数来标记，所以即使是最优秀的数学家也需要一个计算器。很可能，在很容易理解比特币的价值之前，大多数客户在相当长的一段时间内都需要将一切价值转换成美元、欧元或他们熟知的任何其他货币。

隐私是另一个热门话题，尽管比特币的使用是采用化名，但只要经过努力，我们很有可能识别出每个化名下的真实身份。在第2章中，我们将看看丝绸之路（Silk Road）网站的案例，它充分证明了这一点。这一想法不仅让比特币用户感到担心，也与当前的监管规定相冲突。在欧盟，每个公民都有"被遗忘的权利"。欧盟委员会在《一般数据隐私条例》中规定，每个人都有权从互联网上删除自己的历史记录。但是，一旦你的名字出现在一个公共区块链（permissionless blockchain）的不可更改的账本上时，这些记录将会被永远保存在账本上。即使交易被撤销，它们仍然可以被看到。面对这个棘手的问题，区块链拥护者似乎还无法提出摆脱这一困境的可能途径。Tapscott和Tapscott（2016）认为，这项权利不应适用于企业主体，因为它们"具有与企业经营许可相伴生的责任"。然而，这种透明度是相当理想化的，这会破坏私人企业的整个运作过程，这意味着企业可以跟踪竞争对手、供应商和客户的每笔交易，混乱就会接踵而至。此外，比特币网络永远不可能只被企业使用，因为它们还要与那些不能放弃"被遗忘的权利"的个人公民进行互动。

第1章
区块链、比特币和分布式账本——解开迷雾看真相

> 量子计算很容易破解加密资产的密码。

然而，对区块链技术最严重的威胁并不是在于其自身的缺点，而是在于另一项开创性的技术，即量子计算。一方面，当前的数字计算使用晶体管和二进制数字0-1，每一小块数据都必须编码为0或1，编码的结果就是我们所知道的比特。另一方面，量子计算依赖于所谓的量子比特（qubits），量子比特包含的信息比比特多得多。通过使用量子力学，量子比特不需要被编码为0或1，它可以同时处于为0或1两种状态。这听起来不错吧？确实很不错！但同样也令人恐惧。这种新型计算机将提供前所未有的计算速度，不仅威胁到区块链，而且威胁到整个世界的密码基础设施。通过能够执行极其快速的"试验-错误"机制，它可以很容易地破解密码（Franco，2014）。对加密技术来说，量子计算是个巨型黑天鹅！正如我们在引言中所讨论的那样，非对称密码或PKI密码是构建各种通用加密通信的基础。智能卡、数字签名的电子邮件、VPN、防火墙……你所能想到的所有这些都处于量子技术的威胁中。

我们可以想象一下，为了避免最坏的情况发生，政府可以设法实施禁止解密PKI通信的法规。我们还可以假设，在无赖程序员掌握新工具之前，政府已经做到了这一点。让我们更进一步想象一

下，控制和监视手段是及时到位的。这里我们做了很多理想化的假设，但请思考以下情形，即使在这一系列预防措施实施之后，量子计算机仍可能打破加密货币。有了超级计算机，至少那些采用工作量证明机制的矿工铸造新的比特币将非常容易，整个系统可能崩溃。当然，如果所有的矿工都能拥有量子计算机，那么竞争环境将是公平的，但第一批买得起量子计算机的矿工可能会通过篡改先前的账本并强行写入他们自己版本的"历史真相"，而对系统造成严重破坏。一个中央集权机构可以削减这一迫在眉睫的威胁（但也正是这个想法将导致大多数区块链铁杆支持者退缩）。如果你有一个由单一实体控制的有限的节点网络，那么新一代计算机可能真的会带来量子飞跃，所有节点可以同时升级，从而排除个别节点牟取私利的可能。

仍然不是一个新的互联网

然而，无论你对区块链的感觉如何——对它的能力充满热情也好，或对尚未解决的问题感到紧张也罢——你可能都会同意它将对社会和经济产生重大影响这一观点。否则，你也不会买这本书来探其究竟了。试试这个实验，你能想出一个合适的形容词来形容区块链中的"技术"吗？如果你想到了"破坏性"，你并不孤单。几乎没有一篇关于区块链的文章（无论是学术性的还是普及性的）不把它称为"破坏性"的技术。那么什么叫破坏性，破坏性到底有多大呢？

"破坏性技术"（disruptive technology，有时也称颠覆性创新）是哈佛商学院教授克莱顿·克里斯坦森（Clayton Christensen）在其

1997 年的著作《创新者的窘境》（*The Innovator's Dilemma*）中提出的概念。事实证明，这是一个颇具感染力的概念，从那以后，这个词在全球范围内一直被滥用。媒体和管理大师们对现有结构会被破坏的哗众取宠的听闻津津乐道，与此同时，连末日论者都来不及预测这些行业的前路将如何激流汹涌。然而，预测一项技术是否具有破坏性是非常困难的事情，这几乎是不可能完成的任务。区块链是一个非常新的事物，尽管有人大肆宣传，但到目前为止，传统机构并没有全力反抗，它们甚至还没有开始感觉到自己的主导地位正在逝去（除了在某些头条新闻中这么说）。要预测一项新技术是否会扰乱现有的秩序，我们需要预测两件事情，即其对未来市场来讲很重要的性能维度，以及新技术能在多大程度上实现这些目标（Danneels，2004）。遗憾的是，这和克里斯坦森开创性的工作中定义的破坏性技术的含义一样，这种概念缺乏严谨性，但这可能正是这一概念大受欢迎的原因，也导致此后关于这一概念的描述的泛滥。

对"破坏"一词有许多不同的解释，大多数隐晦地解释为"提升能力"和"破坏能力"之间的区别（Tushman 和 Anderson，1986）。破坏性技术，比如区块链，属于后一类。它会破坏或废弃当前传统机构的投资。一般的思路是，新设公司会引进这类具破坏能力的技术，而现存公司则会致力于其他提升能力的技术——这通常意味着以更快、更高效的方法来解决它们一直在致力解决的问题。例如一家笔记本电脑生产商以同样的价格赠送了一个容量更大的硬盘驱动器。现存公司被视为在调整现有的，但前景暗淡的技术。我们将在第 4 章中看到，对区块链，对更好地成为历史的一部分来讲，这种认识都是不正确的。

因此，我将技术的破坏性定义为它可以改变企业竞争的路线，并创造竞争优势的情形（Danneels，2004）。因此，区块链是否是一种破坏性技术取决于它所应用的领域。让我们以货币交易为例来说明这一点。迄今为止，决定某人是否在某家银行开立账户的唯一实际绩效指标是其方便程度，而分支机构的地理位置邻近性曾是一个决定性因素。在美国，父母会带着孩子去当地分行开立第一个银行账户，从而影响他们的决定。孩子们不会去质疑，也不会去看不同银行的条款和条件。他们只想开一个账户来接收暑期工作的工资。一旦走出第一步，他们通常会在同一家银行开立一个储蓄账户、一张借记卡、一笔抵押贷款、一笔消费贷款、一张信用卡，甚至可能还会选取一两种投资产品。人类的惰性是如此强大，以至于很少有人拥有一个以上的金融服务提供商。根据美国政府的数据，只有不到50%的人在获得房屋抵押贷款前会去查询两个以上的报价，哪怕买房或许是他们一生中最大的一笔投资（Kulaev，2015）。尽管互联网和易于使用的比价网站已经兴起，但服务商提供的产品之间的差别往往非常小，以至于客户不想为四处询价而烦恼。

然而，通常情况下，客户没有选择的余地，比如，如果他们住在一个只有一家服务商的偏远地区，或者他们使用的平台被要求与某个特定的公司合作。例如，爱彼迎（Airbnb）的国际支付必须通过西联（Western Union）汇款来进行。如果你依赖于使用某个特定的汇款系统，那就倒霉了。要么你接受它们的费用和条件，要么你就无法把钱汇出去。例如，在菲律宾等许多国家或地区，国际汇款的传统服务商特别少（Tapscott 和 Tapscott，2016）。具有讽刺意味的是，这些市场往往很依赖侨民汇款，在这些国家或地区，区块链产品的存在将带来许多新的竞争维度，而那些目前垄断市场的企业将突然不得不关心成本以及提高它们的服务水平。

区块链技术可以显著地压缩交易成本和处理时间，因此该技术带来的产品之间的差距可能会引起客户的注意。它还提高了安全性，而且是防篡改的。然而，区块链技术是无法单凭安全性来获得竞争优势的。银行要想保住营业执照，就必须保证客户资金的安全。理论上讲，作为一个客户，我不必在意银行如何保护其数据库，甚至不必在意是否有人入侵我的账户。只有在企业对企业（B2B）领域，即当银行选择其后端提供商时，安全方面的竞争才有意义，但后端并不是区块链拥护者最关注的地方。

由此，区块链技术不同的特性使其对行业颠覆的可能性当然存在。但是，它相对短暂的历史记录又该如何理解呢？我们能不能将其与其他颠覆性创新相提并论？我们认为可以。区块链在起步阶段表现出破坏性技术的典型特征。一开始，破坏性技术在服务主流市场方面落后于现有的技术，因为通常基于新技术的产品只会吸引小众市场，而具有颠覆性的产品的最卓越的性能维度并不符合主流市场的采购标准。因此，既有的企业将资源集中在改善现有技术上（Danneels，2004）。如今，比特币用户对加密价值和风险有着天然的倾向性，而许多人使用区块链并不是因为其支付能力，而是作为一种投资工具。在这样做的过程中，他们喜欢比特币过山车式的起伏带给他们的欢愉。其他一些人使用比特币是由于其匿名性。遗憾的是，即使在今天，比特币交易也在很大程度上受到一些非法行为的驱使。但不管动机如何，所有的用户都投入大量时间研究产品、货币和技术背后的机制，而大众市场还没准备好这么做。

因此，区块链迄今的发展轨迹与过去的其他突破性技术很类似。然而，将区块链描述为一种具有颠覆性和破坏能力的创新还不足够。对于区块链拥护者来说，其重要性怎么说都不为过。而且**范式**（paradigm）是另一个经常被提及的与区块链重要性相关的术语。这是一个容易做出的断言，但是否属实？让我们看看证据。所谓的技术经济范式是在 1982 年由英国经济学家克里斯托弗·弗里曼（Christopher Freeman）首先提出的（1982，1987；Freeman 和 Perez，1988）。弗里曼仔细分析了人类历史上有影响的技术变化，提出了一种分类法，最终形成了技术经济范式，他将进步分为 4 类：

- 渐进式创新。
- 激进式创新。
- 技术系统变更。
- 技术经济范式变革。

这些类别在其强度上和对经济和市场的影响方面各不相同。最终，它们决定了企业需要选择哪些策略才能进行成功竞争。了解区块链是否真的代表了范式转换抑或分类学中的另一个层次变得非常重要。

渐进式创新是最简单的进步形式，它改善了当前模式的进程，但这种创新不是一个游戏改变者，它所做的就是使当前的流程更加高效。虽然在新范式的初始阶段，渐进式创新通常会产生巨大的影响，但经过一轮一轮的优化迭代，这种影响会减缓。新范式的出现需要一系列激进式创新。同时，强大的激进式创新也代表着新范式的基础，互联网就是最好的例子。除了作为确保数字范式崛起的一个基础设施，互联网本身就是一个激进式创新，推动了一系列相邻的、相互关联的产业的出现。同样，区块链可以被定义为激进式创新，它也引发了许多行业的出现，例如区块链应用程序开发和区块链技术咨询。这仅仅列举了几个例子，这些产业共同构建技术体系，这是技术革命的组成部分，它们也相互重叠，相互影响市场。最重要的是，它们同时也决定了未来创新的路线（Perez，2009）。

那么，区块链与之前的金融科技创新有何不同？毕竟，在支付领域曾经出现过创新，并声称会将金融带入数字世界，贝宝就是最好的例子。这家公司在1998年才刚刚成立，市值就已经超过了美国运通（American Express），美国运通是信用卡业务的先驱之一。最引人注目的并不是它取代了一家互联网支付公司，而是它实现了在价值上超过前者的目标，而它之前的盈利和收入只是其竞争对手的一小部分（The Economist，2017）。这显示了投资者的预期，他们相信贝宝在数字时代有着光明的未来。那么，这是否意味着它是弗里曼模型中的一个技术系统？不是的。贝宝既不代表一种新型货币，也不代表一种新的支付系统，而是建立在现有的基础设施之上。它不会引发其他产业的崛起，也不会对未来的技术发展产生任何值得关注的影响，它不是激进式创新。苹果支付和谷歌钱包也是如此。它们仍然需要用户的银行账户和信用卡，它们只是提供了一个新的界面，同时在后台使用已建立的系统。在这方面，区块链的重要性要大得多，因为它没有建立在当前的支付基础设施之上，它有潜力影响支付和交易以外的许多行业。因此，尽管它不符合技术革命或范式的条件，但它确实值得被贴上激进式创新的标签，并由此产生了技术系统。对于管理者来说，其影响是显而易见的，他们对区块链需要比对贝宝或苹果支付做出更强烈的反应。

在这些基础设施和激进式创新的帮助下，新技术扩散以及技术经济范式发展改变了经济甚至社会制度结构。一个范式创新中存在的技术点越多，其影响就越大、越快。一系列根本性的突破可以聚集在一起，形成相互依赖的技术。以最近正在进行的转型为例，它从微处理器开始，接着是个人电脑、软件、电信和互联网，每一个都有自己的系统发展轨迹。每一项激进式创新都开辟了构成技术革命的运营商分支和新的基础设施（Perez，2009），它们正在传输或处理这个时代最关键的资源——数据。数据已经取代石油成为世界上最珍贵的资产。英国石油公司（BP）和壳牌集团（Shell）已经不再占据收入和市值排行榜的榜首，取而代之的是谷歌和亚马逊，世界上最有价值的5家公司是数据采集商（Kiesnoski，2017）。因此，区块链可以被视为一个基础设施，它使数字革命甚至能够波及铁矿石行业，就像互联网或邮件系统一样，或者像大规模生产革命中的运输道路一样。虽然银行业已经按照电子账本或电子银行的方式发生了变化，但其基于纸面的基本逻辑一直保持到今天（Ali等人，2014）。而区块链技术则可以推动银行业进行数字化转型，因此，它绝不可能是一个独立的范式创新，而是一个承载当前数字范式的技术系统。它作为一个载体分支为银行业带来了数字化，这就是催化剂的典型例子。

激进突破是技术经济范式扩张的一个驱动力，而相对的成本结构是另一种驱动力（Perez，2009）。区块链的一个主要承诺是从2022年起，每年为银行削减150亿～200亿美元的成本（Santander Inno Ventures、Oliver Wyman和Anthemis，2015）。正如廉价水是推动工业革命兴起的一个关键投入一样，区块链提供了制造廉价信任的关键投入，这意味着目前用于消除双花问题的大部分管理费用都将过时。没有炼油厂，石油是无用的；没有信任，数据是无用的。基于区块链的信任满足了技术革命关键投入的所有标准，其中包括取之不尽、应用场景无所不在，以及能力提升的同时成本不断下降（Perez，2009）。就目前所建立的大多数区块链应用而言，信任的成本仍然不会太低，但正如我们将在第2章中看到的，中心化对区块链技术将能够很快提升用户的信任度。一些比较谦虚的评论者并不认为区块链技术是一个范式，但其中许多人（如 Swan，2015）确实声称它是第二个互联网，在意义上与第一个互联网相同，两者都是激进式创新，都具有颠覆性。

> 区块链提供了制造廉价信任的关键投入。

这些评论者用与互联网和区块链相似的投资水平来支持他们的观点。事实上，投资区块链的风险资金在 2014 年接近 3.5 亿美元，在 2015 年接近 10 亿美元，这些数额与互联网出现后不久的数额相似（Skinner，2016）。然而，仅此一个类比就具有误导性。记住数字范式的轨迹——创新来得越早，筹集资金的难度就越大。此外，创新来得越早，上市时间会更长。一种模式越能站稳脚跟，就越容易说服投资者,越能找到有技能的员工,并使用现有的基础设施。这就解释了为什么尽管投资水平相似,区块链的崛起意义却无法与互联网相提并论。每一种"技术-经济"范式在某一点上成为主导和不容置疑时,都会使整个环境变得有利于自己(Perez,2009)。区块链在已经建立的数字范式中运作,这是一个至关重要的区别,但它们还有一个更本质的不同。互联网之所以成为数字范式中最具影响力的创新,是因为它是开放的,每个节点都可以改变系统。这导致互联网内容的爆炸式增长,并因此吸引了更多的用户,由此循环往复并最终走向无限。但无论是限制还是开放节点数量,区块链都将始终要求达成共识,这正是信任机器的本质,但它会使网络变得僵硬并阻碍其渗透到更广的领域。我们称之为"钱的网络"是不对的,网络是开放的,但节点只能集体行动。更糟糕的是,它们只能作为一个整体。节点不具备他们在互联网上所拥有的创造力,而仅仅扮演对共识进行否定的破坏或者同意的角色。因此,区块链的设计不同于互联网。这对网络设计师的启示很简单——那就是让它尽可能高效,而不是尽可能开放。只有企业掌握了这一点,区块链才能释放真正的潜力。遗憾的是,它们正面临着将区块链和互联网相提并论而造成的障碍。

第2章
管制严苛行业里的自由主义幻想

神话：开放的区块链，而非封闭的区块链，将推动未来经济发展。

在技术舞台上进行的政治斗争

2017年9月,杰米·戴蒙(我们在引言中介绍过他)再次语惊区块链社区,这次却出现了前所未有的负面冲击,他宣称比特币没有未来,是一种欺诈,是一种比荷兰郁金香球茎更糟糕的泡沫。在他看来,任何交易比特币的员工都应该因为愚蠢而被解雇(Son、Levitt和Louis,2017)。戴蒙的评论引起了比特币拥护者本能的反应,特别是在未经过滤的社交媒体领域,拥护者对于戴蒙的厌恶情绪显而易见。灾难预言者宣称比特币即将对银行业造成致命打击。而在这段时间,我的领英上突然出现了一系列针对摩根大通(JPM)和戴蒙本人的指控,控诉的声浪持续了很长一段时间。

这种争论的爆发是对区块链的核心存在深层思维鸿沟的表现。一方是银行业和支付业的现存企业;另一方是一个很不寻常的联盟,成员包括密码学传道者、无政府自由主义者、创业者,甚至还包括一些骗子。这些人注定会寻求颠覆。在大多数技术变革领域也存在类似的紧张关系。但在区块链领域，意识形态分歧似乎难以调和。反银行狂热分子通常来自政治中心的左派，他们认为金融机构和政府受到了操纵，在他们看来，整个体系的建立方式是剥削所有不在剥削阶层的人。然而，这种说法现在有些老套了，所以狂热分子把他们的反对从意识形态转向了技术性的，即交易验证应该开放，或者把它们从个别人的控制下解救出来。

戴蒙并没有妖魔化区块链，他没有说摩根大通自身会放弃其区块链计划。戴蒙所说的只是比特币不会成为改变金融世界的产品。理解这个结论无须高深的知识。能源消耗是不可持续的，必要的规模是不可达到的，可用性是一种痛苦，监管是一件被从初始设计开始就打算绕过的事情。这样，许多从业者把它完全否定了，这有什么让人感到吃惊的呢？然而，故事还有另一面，而且很少有人讲。事实上，它实际上不必承担成千上万个节点的负担，却可以保持分布式账本的灵活性和稳健性。

我来解释一下这是怎么回事。区块链存在两种主要设置：一种是中心化（或封闭的），另一种是去中心化（或开放的）。我承认，讨论一个具有中心化的分布式账本技术会令人感到困惑，但是分布式和去中心化是两种不同的东西。在分布式系统中，存在多个维护账本的节点，这正是区块链的本质。另一方面，去中心化意味着，没有任何节点被算法赋予其他节点没有的特权。因此，我们也可以设计出一种分布式区块链系统，其中一些节点的权力或权重高于其他节点——这种设计就是中心化模式，但仍然是分布式的区块链。[1]

---

[1] 在本书文献中，你还将发现许可/无许可区块链这些术语，它们对应中心化/去中心化两种分类，许可区块链只允许预先被验证节点的参与。

比特币底层是一个去中心化区块链，每个节点都可以参与验证交易，并且每个节点都具有相同的权重，只有通过竞争胜出的节点才能投票决定真相（即进行记账）。有时，媒体评论者混淆了私有链和公有链的区别，并把中心化区块链和去中心化区块链并列起来。在大多数情况下，这些私有和中心化区块链有一定重叠，反之亦然。但严格地说，中心化仅意味着验证节点由中心机构确定，这时，区块链所有者决定有多少具有验证功能的特殊节点。公有链与私有链的区别在于提交交易验证时是否存在限制（Peters 和 Panayi，2015）。

那么，为什么中心化和去中心化的区别如此重要呢？如果我们在区块链中事先定义了 10 个具有验证权力的节点，这与我们有 10 000个但每天都在增长的节点有何区别？这一争论如何融入区块链的意识形态争论呢？中心化区块链强调可以解决当前占主导地位的去中心化区块链应用中许多弱点，其中一个弱点是高延迟，即去中心化区块链的交易清算和结算时间太长。比特币交易的平均确认时间为 10 分钟，这使得比特币不可能用于资产交易等事务，甚至不可能用于任何重要的支付系统。从数千个未知节点寻求共识根本无法保证速度。另一方面，封闭的区块链的延迟时间为秒级。能源消耗也更为有效，因为不再需要大量的矿工通过消耗数以千兆瓦的能量来建立信任。中心化区块链速度更快、能效更高，因为在一开始，受信任的节点是特权节点，因此不需要通过工作量证明等机制在未知节点的网络中创建信任。同时，中心化区块链给了所有者一定的灵活性，它允许用户重写系统规则，它还降低了恶意控制性攻击的可能性，因为区块链所有者了解所有决策节点，并将所有决策节点置于其控制之下。

保持对节点的控制也有一个法律优势，因为区块链所有者可以实现其想要的任何身份验证，这种验证对每个银行都是强制性的。为了满足"了解你的客户"（Know Your Customer，简写为 KYC）原则的要求，银行必须限制客户使用假名，银行也需要验证客户身份。KYC 原则规定银行必须了解交易方的真实身份，而不仅仅是数字身份，这样做是为了打击洗钱和防止其他非法活动。防止恐怖主义活动是 KYC 原则背后的一个驱动力。在"9·11"恐怖袭击之后，随着 2001 年《美国爱国者法案》的引入，美国的相关立法也变得十分严格。拥有对节点的绝对控制权对于"被遗忘的权利"也是很有必要的，因为只有这样做才能确保超过 50%的网络节点通过投票替换之前的交易。此外，去中心化区块链上的交易是不可篡改的，而在中心化区块链上，账本的历史记录可以更容易地被更改。考虑到每天发生的错误或欺诈活动的数量，这个特性应该受到使用者的青睐。

中心化区块链作为理想解决方案

我们可能想问一个更为普遍的问题，我们是否需要某种加密货币才能利用区块链技术的潜力？它是否可以用来为法定货币提供助力？该问题的答案取决于目的。比特币和其他加密货币比法定货币更好的一个领域是微型支付。每一个比特币可以被细分到小数点后第 8 位，这使比特币可以用于常规货币无法进行的微型支付的场景。但在绝大多数情况下，美元或欧元可以通过区块链像比特币那样进行转账。当然，前提背景是有一些加密货币须与法定货币挂钩，但客户并不需要知道这些细节。所有货币和投机风险都将与央行管理的"真实"货币挂钩。更重要的一点是，被接受的网络是事先审批给定的。目前，除了"深网"和少数试验项目外，比特币或任何其他代币都不能在商店中使用。使用英镑远比比特币要更容易。不用说,中本聪的追随者们对这个现状会感到愤愤不平,但仅在日本——传说是中本聪自己的国家——就有61家银行正在与瑞波(Ripple)联手进行实验,瑞波币可以将成本削减1/3,并确保国际转账在同一天实现。也有两家领先的韩国银行参与其中(Nikkei,2017)。瑞波币是领先的加密货币之一,在市值方面一直位居全球前三位。与比特币不同的是,瑞波币可以为法定货币提供助力,而且是一个中心化的设置,这使得其自身的效率和可控性得到大大提升。

金融机构已经开始接受这种理想的解决方案,即将中心化区块链技术与国家发行的法定货币相结合。尽管区块链最初是开源技术,但美国银行一家就已经申请并获得了43项区块链专利,在总共提交的1 045项区块链专利中,银行业拥有1/5的专利,这一排名排在专业区块链公司之后,而这些专业区块链公司是最大的专利持有人(Decker 和 Surane,2018)。

> 我们必须要依赖加密货币才能挖掘区块链技术的潜力吗?

那么，对手怎么看这一切呢？大多数区块链颠覆者都在与这些"封闭"式区块链对抗，他们的论点是，中心化区块链破坏了该技术创始人的想法，其原意是试图赋予整个网络一种权力，而不是给少数人任何特权。他们认为，数字化与开源是分不开的。对他们来说，比特币是行业旗帜，是自身原则的展现，这就是为什么杰米·戴蒙的评论触动了比特币拥护者的神经。在他们看来，诋毁比特币比诋毁整个区块链创意还要可恶。目前体制的传统机构和监管者仍然大行其道，更糟糕的是，这些人居然可以为客户提供更好的产品。

在比特币用户中，有44%仍声称自己是"支持消灭国家的自由主义或无政府资本主义的信仰者"（Kharif，2014）。有些比较温和的比特币用户愿意接受国家的概念，但厌倦了机构和企业，对他们来说，中心化区块链触发了一个似曾相识的时刻，把他们带回到大众刚刚接触互联网的时代。对开源思想家来说，这是一个令人兴奋的时期。但如今，数据并不是人人都可以自由访问，反而被越来越少、越来越强大的公司囤积和利用（Tapscott 和 Tapscott，2016）。然而，他们的论据已经从利他主义演变为末日论。他们预测在封闭的区块链中，最终用户的应用会由于私有区块链缺乏网络效应而受到阻碍，他们引用了与内联网（intranet）和互联网（internet）区别的类比来说明他们的观点。去中心化区块链被比作互联网，而中心化区块链则被比作内联网。去中心化区块链就像互联网一样，因为其开放性而被视为具有连接地球上的每个人的潜力（如 Hileman，2016）。中心化区块链只连接有限的人群，因此失去了任何改变游戏规则的潜力。这可能是一个貌似有道理的比较，但观点有待商榷。区块链不是产品，而是一种后台机制。如果它是标准化的，它可以像SWIFT一样连接到金融网络,这与内联网正好相反。支持这一观点的人认为社会对机构的管理方面存在问题,但把它与互联网平行比较的做法无法令人信服。

从牧师到支付指令——货币制度要求的短暂历史

尽管与互联网的类比是有缺陷的,但自由主义区块链的狂热追求者都很容易忽略一个真正的相似之处,那就是,即使互联网也离不开机构而单独存在,如果没有互联网名称和数字地址分配机构(ICANN)等机构的管理,就无法确保互联网必要的互操作性。有人必须确保域名和IP地址不被使用两次,在美国,其他机构(很大程度上是美国商务部的一部分)也有发言权,那就是互联网架构委员会(the Internet Architecture Board)、互联网治理论坛(the Internet Governance Forum)和互联网协会(the Internet Society)等。

就货币而言,监管的内在需求甚至比通信媒介更为明显。资本可以推动经济增长,同样,资本也可以助长洗钱和恐怖主义等非法和非道德行为,它也可以培育影子经济,吸走合法体系中的精髓。对资本管理不善就会像20世纪30年代一样,将整个世界经济推入数年乃至数十年的萧条之中,但货币(资本)到底是什么?当然这包括我们平时携带的硬币和钞票,也包括我们电子银行账户中的资金。但归根结底,大部分只是一个数字账户的条目而已,世上流行的硬币或纸币只有5万亿美元。只相当于流通的货币总量的6.2%(Desjardins, 2015)。这种说法让自由主义者得出这样一个结论,货币不需要依赖于政府,世界上所有的物质财富都是债务记录,毛

61

皮或食物的交换也等同于纸币交换，因此，数字代币和加密货币也是这样的延伸而已（Skinner，2016）。

这种观点在很多层面上都有缺陷，机构是保障货币价值和可交换性的必要条件。如果有人欠我2斤鱼，我不能轻易用这些鱼来买10块砖盖房子，因为每次交易我都得和对手协商鱼的价值。这种交易属于效率低下的物物交换。更重要的是，鱼的价值很难持续不变，鱼过了3天就会变质，它的价值也将蒸发。另一方面，货币使远距离或长时间的商业交易成为可能。货币的单位可以用来计量各种产品的价值，而且计算方便。制造假币一般是非常困难的，在最理想情况下是不可能的。从公元前600年开始，在以弗所（古希腊小亚细亚古都）的阿尔忒弥斯神庙附近，金银等稀有金属被广泛用作支付手段，这并非巧合，不仅仅是地中海地区的人采用了这种形式的货币。大约在公元前221年，第一枚标准化硬币被在地球另一端的中国所采用（Ferguson，2008）。无论是罗马的皇帝还是中国的君王，都是摄政者垄断了铸币的权力。为了使货币成为可能，这种权力必须是中心化的，货币必须受到管制。随着金融体系的发展，货币管理人的权力也在增长。

每个孩子都知道，文字的发明标志着人类发展的一个重要里程碑，但人类最初拿起笔（或锤子和凿子）的原因却鲜为人知。笔的使用最初并不是为了书写故事或哲学，而是用于记录商业交易。大约在公元前5000年到公元前4000年，在古代美索不达米亚，黏土证物被用作一种原始的记账方式来记录交易（Nissen、Damerow和Englund，1993），这形成了货币的基础，这项发明并不是一夜之间发展起来的。1 000年后，大约在公元前3000年，巴比伦的祭司在古代苏美尔发明了一种叫谢克尔（shekel）的货币，这种货币是农民向寺庙进贡小麦以后收到的一种证物（Skinner，2016）。就如同皇帝管理货币一样，牧师是管理货币流通的特权中心机构，尽管当时的人们还没有意识到这一点，但如果没有牧师承诺用农民进贡的粮食换回这些证物，这些黏土块将一文不值。

这一承诺还意味着黏土证物可以移交或出售给其他人，就像今天的债务是可以转移的一样。此外，农民可以像借钱那样从寺庙里借走粮食。有趣的是，汉谟拉比的巴比伦人已经熟知利息的概念（收费高达 20%），也懂得利息复利的概念（Van de Mieroop，1992）。高度发达的古代文明最早掌握了这种先进的货币制度，这并非巧合。货币和信贷促进了经济快速增长，也助推了其他技术、经济和社会进步。这并不是说没有货币就不可能有文明，南美洲居民对货币就一无所知。例如，印加人（Incas）使用劳动作为交换单位，虽然很难证明因果关系，但他们未能发展出书写的能力，这项发明是在大西洋对岸出于记账的需要而诞生的。虽然印加文明也在蹒跚前进，但它缺乏文字等催化剂使其无法与欧洲文明竞争。当西班牙人弗朗西斯科·皮萨罗（Francisco Pizarro）带着战马和炮舰

高度发达的古代文明首先拥有先进的货币制度。

来入侵的时候，印加人没有任何抵抗的机会。皮萨罗的军队掠夺了他们的城市，哄抢了他们的金矿，强迫当地人为其劳动，并最终消灭了曾经不可一世的印加帝国。侵略者所做的这些都是为了寻找新世界的金属宝藏。

对金钱内在价值失去信心

西班牙人辛辛苦苦地挖掘了成百上千吨的金银，结果运回家时发现，他们实际上换不回来欧洲的财富，运回国的金银淹没了欧洲大陆的金银市场，导致金银的购买力急剧下降，通货膨胀也应运而生。西班牙人用自己的血汗学会了一点，他们本以为具有绝对价值的金银财宝实际上只相当于其他人愿意为其支付的价格。他们未能理解的是货币不是等同于某种贵金属，而是和信用关联。西班牙人对于价值的误解最终使他们丧失欧洲霸权。而在金融方面，英国和荷兰这些常有创新的国家最终在欧洲航海国家中取得了领先地位（Ferguson，2008）。如果古代西班牙人知道运用央行这样的机构，他们完全可以把这些稀有金属储存起来，限制其流通量并管理其价值。

随着后来的经济发展，尤其是在钞票诞生以后，货币与制度化信用机制之间的联系变得更加清晰。在17世纪，中国成为第一个引入没有自身内在价值的纸币的国家，但是它和硬币一样有效，这是因为公众信任政府。在世界各地，货币和黄金之间的联系是如此紧密，以至于即使到了维多利亚时代，人们仍然坚信纸币之所以有价值，仅仅是因为它代表并允许去换取稀有金属，这就是所谓的"金本位"。事实上，即使是黄金的价值也仅仅是因为有人承诺将来可以用它来交换商品或服务，与所用的承载介质完全不相关。货币和信用是一种信任机制——它们是你的虚拟财产可以与真实财产相对应的信念。

纵观历史,早期货币一直与天神的力量联系在一起,无论是在谢克尔(地中海地区的古币,也是现在以色列的货币名称)上的伊什塔尔(Ishtar)形象,还是古希腊的雅典娜(Athena)形象,历史上最强大的货币无疑会让持币人对自己的偶像深信不疑。

"不要相信美联储,要相信上帝",这是一句美国的国家格言,它显示了美国整个国家及其货币是如何与上帝的信仰关联的。没有上帝,就没有美国,没有美国,美元就毫无价值。而自由主义者却认为金融体系只是一个债务记录体系,不允许这种信仰成分的存在。物物交换是一种即时的、完整的交易;而如果你不相信今天得到的东西在明天会有一个可预测的价值,纸币和比特币就无法运作,这就是比特币想成为货币的意图所面临的问题。没有政府背书,它就不能保证将来可以被用于自由交易。从这个意义上说,它只是一个债务记录工具而已。

> 货币和信用是一种信任机制——它们是你的虚拟财产可以与真实财产相对应的信念。

为什么最好的技术设置仍然不能取代机构

过去，围绕货币的机构是出于技术需要而发展起来的，这是因为必须要有人管理资金的流动。在 16 世纪的欧洲，金匠在收到黄金后开始发行借据，他们和早期的银行一样，只能使用自己保管的账本。从本质上讲，他们缺乏银行间结算，这意味着如果他们的客户想支付账单，就必须兑换他们的借条，并把货币转到另一家银行。然后，银行同业业务也应运而生，它允许银行之间直接转账。客户和银行节省了时间，也降低了风险。因为你不必再冒着被抢劫的风险将黄金从一家银行运到另一家银行。但这个最初的网络只包括双边协议。后来，清算银行解决方案应运而生，其中一家银行会位于中心地位，对系统中的所有交易进行清算（Goodhart，1988）。

技术基础设施需要信任，而这正是区块链革命性所在——这台生产信任的机器是快速安全交易的引擎。然而，它所创造的信任绝不能与支持货币体系的信任相混淆。区块链保证所有交易都是真实的，并且铸币的过程也是合法的。加密货币区块链可以通过限制流通中的货币单位数量来对抗通货膨胀，或者以货币发行人希望的任何其他方式预先设定好参数。这意味着，决定何时发行新货币的规则都可以提前制定。然而，仅凭这一技术基础无法保证有人会购买你的数字代码，它不能将货币与经济产出进行挂钩，它也不能保证货币价值的稳定性。金融史告诉我们，缺乏制度控制可能会产生毁灭性的后果。如果不是由于联邦政府对银行控制缺失而导致的不稳定，1929 年的大萧条就不会发生。美联储正是由于担心政府过度干预而于 1913 年成立。自由银行的理念确保了较低的进入门槛和资本要求，而州政府禁止国家巨头崛起造成垄断，这也刺激了美国各地对于独立银行的需求，银行数量从 1899 年的不足 12 000 家猛增到 1922 年的 30 000 多家，而大量银行资本不足成为美国历史上最严重的金融危机和大萧条中的一个因素（Ferguson，2008）。

这场危机不仅揭示了美国经济的金融关联性，也揭示了全球体系的关联性。大多数银行资本金不足，危机下会尝试收回它们借给其他机构的资金，这造成了灾难性的连锁反应。2007 年次贷危机引发的经济衰退突显了这一点。这场危机明确表明，每个货币体系都需要一个能借钱给银行度过危机的最终出借人，以防止体系崩溃。中央银行在保持银行流动性方面的作用，不亚于其铸币以及制定货币政策的重要性。任何一个在体系中扮演重要角色的参与者的破产，都能使整个经济陷入数十年的衰退。毋庸置疑，区块链是一种改变游戏规则的技术，它可以切断金融中介的作用，但监管机构将始终扮演至关重要的角色。

金融创新与技术经济突破的关联

金融史上的这些转折点表明，金融创新与一个文明更广义的进化有关。事实上，许多历史学家仍不确定哪些发展是原因，哪些是结果。

不过，有一点毋庸置疑，技术突破并非是孤立的。技术、贸易和商业同时发生的革命听起来熟悉吗？对的，这就是一个范式创新。因此，当前的数字范式创新也伴随着金融领域的一场革命，这样的变化也会体现在立法方面。在许多方面，立法是技术经济发展的混合产物。这场运动中的行动者、商业模式和基础设施都要适应新的范式，同时业界也需要新的规则来反映这些新的市场现状。如今，监管对传统机构的保护也开始减弱。以欧盟的 2007 年《支付服务指令》（Payment Services Directive，简写为 PSD）为例，它使银行和非银行的支付业务与法律框架相协调。在"市场规则"中，它描述了哪些公司被允许作为支付服务提供商运营，而在"商业行为规则"中，它规定了市场透明度或交易执行等事项。为应对新的技术进步，该服务指令进行了修订（PSD2），并在2018年1月生效执行。PSD2对世界各地的其他立法机构具有开创性意义，它要求在网上零售中进行强有力的客户认证，并同时为非银行机构提供公平的竞争环境。例如按照相关要求，银行目前需向第三方提供一个应用程序编程接口（API），允许第三方启动交易并查看账户数据，这使金融科技公司的许多功能得以实现。

区块链是一种技术，它的存在推动了诸如PSD2等平等立法的出现，同时也受到了相关立法的显著影响。有了PSD2，金融科技公司将获得10亿个银行账户的访问权，这是由于该法令强制开放了应用程序编程接口。据咨询公司罗兰·贝格（Roland Berger）的估计，这可能使银行在零售业务部分损失的利润高达40%（Russo，2017）。新的法规降低了准入标准，竞争的激增将降低利润率。然而，对最终客户而言，金融服务会变得更便宜。而对提供商来说，市场吸引力会有所下降，它们不得不寻找新的收入来源和商业模式，这也再次说明了机构的必要性。如果监管机构不设定框架，区块链将像比特币一样只能保持小众市场地位。通过发布PSD2，欧盟为专业区块链企业成为大型支付系统的一部分打开了大门，它为区块链发展注入了合法性，并将它们从灰色经济中拉出来。除了普遍的自由化趋势外，市场还将受到对去中心化的账目和加密货币的具体监管的影响。在下一节中，我们将探讨纽约围绕加密货币的立法，探讨该立法如何向充分利用区块链作为核心能力的成熟和大型机构倾斜。此外，它还强调了监管机构在塑造竞争环境方面的重要性。在第 3 章中,我们将会了解到这些立法的强大的影响力。

庞然大物的强力推手——为什么监管机构最终会选择技术形式

尽管各国政府和央行的高层都有金融老兵,但监管控制权并没有落到这些老兵的手中。目前对于金融机构的监管要求变得越来越高,限制也越来越多,尤其是针对"系统重要性"的银行监管要求尤为如此。通用电气(GE)在 2015 年退出银行业就证明了这一点。被剥离掉的通用电气资本(GE Capital)曾是美国第七大银行,在金融危机后不得不接受政府的救助,通用电气资本带给母公司的波动性和风险对其股价产生了不利影响。因此,这家巨头不得不离开了金融这个竞技场,并将大部分美国零售业务出售给高盛。

与此同时,监管也对非银行机构变得更加包容。2008 年的金融危机引发了一场余震,如今仍能感受到这种余震效应,更严格的监管使环境对传统机构更加不利。金融从业者花费数以百万计美元和欧元发动情感攻势来巩固金融机构的地位,但他们合法的特权地位还是在慢慢地消失。上述法案 PSD2 迫使银行向竞争对手开放其 API,由此,金融科技公司无须构建整个基础设施来访问客户数据,从而可以很容易地将其解决方案插入银行的接口。中国监管部门严格监管比特币的做法是监管部门实力的一个强劲展示。西方监管机构的控制可能不会那么激烈,但同样也推出了颇为有效的监管措施。PSD2 展示了政府如何通过自身的力量来定义支付领域的竞争框架。在我们审视美国和欧洲政府对待新技术的方式之前必须再次

> 金融从业者花费数以百万计美元和欧元发动情感攻势来巩固金融机构的地位,但他们合法的特权地位还是在慢慢地消失。

强调,区块链作为基础技术和特定加密货币之间有着本质的区别。

虽然在区块链方面几乎没有立法,但比特币已经受到了全球监管机构的关注,包括孟加拉国、玻利维亚、厄瓜多尔、吉尔吉斯斯坦和越南在内的诸多国家已经完全禁止使用加密货币。中国虽然没有正式下达比特币禁令,但禁止了ICO和虚拟货币交易,虚拟货币面临的监管环境确实很严峻。然而,西方国家对比特币的态度却不同。这也并不是说立法缺失,而是不同司法管辖区的做法各不相同。在英国,比特币被视作一种货币,因此可以免征增值税(VAT);而美国对比特币则像对房地产一样征税,即持有比特币要缴纳资本利得税。对于除税收以外的其他事项,美国将比特币作为一种货币进行监管(Swan,2015)。对纽约州来说,仅仅对比特币进行这样的分类是不够的,纽约是20世纪的金融中心,它希望通过引入比特许可(BitLicense)这样的概念,在21世纪保持其金融中心的地位。为了获得这样的许可证,处理虚拟货币交易的公司必须遵循一套复杂的规则,其中包括资本要求、遵守反洗钱(AML)规定、定期审计、事先获得更改产品的规格和机制的审批等。纽约州这样做的思路是想通过这种类似银行管理的牌照,确保持有比特币的终端客户与持有法定货币一样得到政府的保护。当然，这样的监管降低了欺诈和洗钱的风险，也鼓励人们投资和使用加密货币。然而，这也增加了那些原本就能够使用现有基础设施、财务资源和合规技术的大公司使用加密货币的机会。因此，纽约的做法最终并没有吸引那些最有远见的企业家，导致区块链初创企业大规模外流，只有那些资金雄厚的老牌机构留了下来。在相关规定被引入的3年后，4家大规模公司获得了许可证，仅有5家被拒绝（Brennan，2018）。

纽约的开创性尝试暗示了监管的出发点，只有更多的司法管辖区采用类似但可能更宽松的许可规定时，监管才能取得成功。在加拿大，参议院建议对加密货币采取"弱监管"（lighter-touch）的方式，以防止该技术的潜力被扼杀。为了继续遵守反洗钱规定，加拿大发布了一项命令，要求数字货币交易所（因此并非所有比特币公司）满足与传统货币业务等同的要求（加拿大参议院，2015）。交易所是加密货币和法定货币之间的接口，通过交易所，你可以把美元换成比特币，反之亦然。如果想要确定哪种方法更为合理，我们需要多年的数据积累。即便如此，我们定会看到政治家们会就区域差异和方案差异展开辩论。我们唯一可以确定的是，比特币牌照将越来越像银行牌照。

另一方面，针对区块链本身的立法却很少。关于转移、存储和借贷资金的法规并非以技术为中心。监管机构制定了需要满足的标准，而这些标准是如何实现的却主要取决于金融服务提供商。因此，如果区块链只是用于法定货币而不包括加密资产，那么我们也许就只需起草很少的具体立法。然而，如果区块链要从根本上改变银行业务的模式，我们就需要一套新的法律。总的来说，现有的一些支付规则暗示了哪些技术标准是可以接受的，哪些是不能被接受的。我们将不会在此书中讨论具体国家的戒律，但银行业有一些格言适用于大多数地区，其中一条格言是前面提到的"了解你的客户"原则。首先，该原则也是最重要的原则，KYC 原则可能会对是否允许中心化或非中心化区块链产生深远影响，金融科技公司只能满足前者的要求。有关 KYC 原则的规定，将使这场关于是否为中心化的版式战争对银行更有利。

但为什么 KYC 原则一开始就与加密货币有冲突呢？毕竟，加密货币使用的是一个开放的、不可更改的账本，任何交易都无法隐藏。但同时加密货币缺乏用户身份验证的做法确实不符合 KYC 原则的要求。这种混淆之所以存在，是因为一些关键概念的区别经常变得模糊，即假名（pseudonymity）与匿名（anonymity）的区别（Brito 和 Castillo，2013）。虽然使用假名意味着，我可以隐藏在任何假名后面，但匿名意味着即使是这个假名也不能被别人看到。比特币和其他公共区块链只向用户提供前者（即假名），而不是后者。账本及其交易历史可以被公开查阅，但交易方的身份却隐藏在假名背后。比特币网络没有身份要求——也就是用户可以不提供姓名或

> 有关KYC原则的规定，将使这场关于是否为中心化的版式战争对银行更有利。

电子邮件地址就加入比特币网络，这与以身份为中心的模式形成鲜明对比，如信用卡公司。由于区块链机制的设定，节点服务于自身利益，从而维护整个系统。因此，为了了解交易方真实身份所需要的对他人的信任也就变得不必要了。

然而，一些批评者认为，如果比特币交易中的 IP 地址不受特殊软件的保护，我们确实有可能追溯假名，从而找到这些用户（Biryukov、Khovratovich 和 Pustogarov，2014）。我们在第 1 章中简要提到了对声名狼藉的丝绸之路网站的打击，这其中就涉及追溯隐私和假名。2013 年，美国联邦调查局（FBI）以通过比特币区块链作为支付系统，贩卖价值 2 亿美元的武器、毒品和儿童色情制品为由，查缴了丝绸之路黑网市场，并拘捕了其创始人罗斯·威廉·乌尔布利希特（Ross William Ulbricht），在联邦调查局最终追查到他的行踪之前，他已经躲避了当局多年（Umeh，2016）。

也有为比特币而开发的匿名程序。根据一项研究（Moser、Bohme 和 Breuker，2013），有些方法比其他方法更有效，如比特币迷雾（Bitcoin Fog）和 Blockchain.info 是其中两个比较好的方法，而 BitLaundry 已经被证明并不很好。但无论比特币的匿名性能否在没有额外软件保护的情况下被破解，它仍然都被视为银行使用比特币的主要障碍，因为这一匿名性违反了银行必须遵守的 KYC 原则。幸运的是，业界已经有办法解决 KYC 困境。钱包和交易所的提供商可以要求客户确认他们的身份。例如，Coinbase 公司的钱包收集用户的 IP 地址、设备和移动网络信息。如此，人们的"被遗忘的权利"是不可能实现的。必须再次强调的是，如果采用私有或中心化区块链，银行可以制定相关规则迫使参与者公开身份，重写账本，并同时向公众封锁交易历史信息。

中心化区块链不仅有助于合规，还可以帮助进行监管报告。为满足 PSD2 或《巴塞尔协议 III》的相关规定，企业需要大量的数据，也需要大量人力资源从过去的交易历史中提取数据，如果交易是记录在不可篡改的完整的区块链账本上，这一切都可以很容易实现。即时身份验证将意味着银行分行的成本会有所降低，同时也将有助于监管机构获得大量不同种类的数据。欧洲银行业协会（2015）认为，分布式加密技术是实现对 KYC 原则和 AML 合规的一种成本效益较高的方式，而不是修改法律的理由。Fidor 作为直销银行的先驱，已经使用瑞波区块链来满足了 KYC 原则和 AML 的合规要求。同样，中心化设置是唯一合理的解决方案，因为没有任何一家银行希望完全透明，并将所有数据交给监管机构。

版式战如火如荼

改变一个行业的架构是一个漫长的过程，颠覆性创新的出现并不常见，且伴随一个过渡阶段，从而迫使企业为占据食物链的顶端而相互竞争。企业想要达到目的，最安全的方法是让自己的产品设计占据主导地位，把那些没有法律权利或没有技术专长来制定标准的竞争对手拒之门外。或者，你可以像松下（Matsushita）所开发的家用录像系统（VHS）那样，通过授权版式使用权来实现卓越的盈利水平。另一方面，输掉版式战争带来的代价非常昂贵，甚至可能会造成公司倒闭。那么，区块链领域有没有出现这种游戏变革者的迹象呢？监管机构青睐封闭式区块链，但中心化不是一种版式，而是一种技术设计决策。版式是一个特定的区块链或一组标准化的

API——由企业本身（而非监管机构）提供这些 API。长期以来，比特币一直是行业的标杆，但比特币未能延续奇迹，却引发了数以千计的 ICO 和一系列银行业的创新。除了一些联盟，某些银行也正在开发内部加密货币（如花旗集团），而其他银行则在投资初创企业（如高盛）或与这些初创企业进行合作（如巴克莱、瑞银和澳大利亚联邦银行），这些试水者都希望制定行业标准（Wild、Arnold 和 Stafford，2015）。中心化区块链比比皆是，然而，许多金融科技公司却将精力集中在去中心化区块链上，它们的尝试不仅有可能摧毁银行的核心竞争力，而且也会使这些银行的中心化区块链努力变得过时。颇具讽刺的是，这些金融科技公司往往是由银行提供资金支持。简单地说，金融科技公司正在分散风险，保证自身能够在任何形式的版式战争中攻守自如。然而，这一点确实凸显了金融科技公司完全不能确认哪种设计或版式最终可能会取得成功。

既然有这么多传统机构和初创企业都在尝试自己的解决方案，那么会有一种模式胜出吗？管理学理论列出了 5 种策略（Jones 和 Hill，2012）：

- 确保互补产品的供应（如为一款游戏操作系统提供游戏）。
- 向其他人出售版式许可。
- 激进的营销和价格策略。
- 利用杀手级应用。
- 与竞争对手合作。

银行业和金融业都明确要求行业参与者的业务与竞争对手之间具有互操作性，这也就是为什么在过去一段时间，前 3 种策略都没有成功地应用于支付系统的创新，上述提及的与竞争对手合作为整个价值链提升了发展速度。因此，与竞争对手合作以及利用杀手级应用的效果最好，这两点通常是齐头并进的。

> 金融科技公司正在分散风险，保证自身能够在任何形式的版式战争中攻守自如。

一个杀手级应用的出现常常会很快结束版式之争，这使得在过渡阶段尽早识别杀手级应用变得尤为重要。那么怎么才能做到这一点呢？这里有两个步骤：第一，识别新技术所支持的特定产品属性；第二，将这些属性与客户的需求进行匹配（MacMillan 和 McGrath，2000）。

对于大多数区块链拥护者而言，比特币无疑是这个杀手级应用。比特币是迄今为止最著名的加密货币，甚至比区块链本身更为人所知。事实上，在解释区块链时，我们往往要依赖比特币［如唐·塔普斯科特（Dan Tapscott）和亚力克斯·塔普斯科特（Alex Tapscott）所著的《区块链革命：比特币底层技术如何改变货币、商业和世界》（*Blockchain Revolution：How the technology behind bitcoin is changing money, business, and the world*）一书中的论述]。比特币市值不断增长，高达 1 640 亿美元，以太坊以 900 亿美元的规模位居第二，瑞波币以 440 亿美元的规模位居第三（Coinmarketcap，2018 年 2 月 15 日）。比特币被许多金融科技公司使用，例如，高盛投资的比特币创业公司互联网金融圈。然而，比特币不一定必须具备大众市场要求的属性，使用假名并不是普通人所渴望的，法定货币也没有受到通货膨胀的冲击而造成人们储蓄的大幅下降。当然也有一些罕见的例外情况，比如委内瑞拉，其恶性通货膨胀率如此之高，以至于该国政府发行加密货币石油币（Petro），并以该国的石油资源为其提供支持。客户需要一个庞大的被接受的网络、低交易费用和快速的支付过程。但正如我们之前看到的，比特币平均确认时间为 10 分钟，接受比特币的用户深藏于网络中，比特币根本无法满足这些需求。仅凭这些事实，比特币就不具备杀手级应用的资格，更不用说其规模限制及能源消耗这些因素了。对于那些认为比特币已经发展得足够强大而不会失败的人来说，不妨想一想这一点：尽管比特币在区块链中占据着明显的主导地位，在 2018 年 2 月的市值高达 1 640 亿美元，但与全球 80.9 万亿美元的货币总值相比，这只是九牛一毛（Desjardins，2015）。截至本文撰写之时（2018 年），全球共有 1 530 个活跃的代币，这些代币包括除比特币以外的所有加密货币（Coinmarketcap，2018 年 2 月 15 日）。这些代币中，有一些是骗局，有一些是可信机构的冒险，但大多数机构预测比特币在未来不会成为领先的加密货币。

可能杀手级应用不一定与一个特定的加密货币有关，而这种应用只是促进应用程序之间通信的技术，即所谓的跨链技术（interledger technology）。在加密货币市值排名名单中，排名第二和第三的是以太坊和瑞波币。瑞波真正的创新不是其代币（XRP），而是它的协议 RippleNet，它可以被银行用作 SWIFT 网络的补充，甚至是替代品。对于瑞波而言，要转账的是像比特币一样的加密货币，还是美元或欧元等传统货币并不重要，重要的是它通过提供每个银行都可以使用的 API 将旧系统与新系统连接起来。这种跨链解决方案将不同的支付系统连接起来，使银行无须任何中间人即可转账，从而节省了成本和时间。以太坊是另一个促进大规模互操作性的大型应用程序，它是一个可以构建新应用程序的开发平台和一种编程语言，但其最大的威力是关于它的"图灵完备性"（Turing complete），这意味着，无论是怎样的平台和应用程序，以太坊都可以运行其代币、区块链和协议。此外，它还可以用于创建连接到多个区块链的智能合约（Swan，2015）。

瑞波和以太坊都是极为强大的平台，它们都在努力成为新支付系统的中流砥柱，这两个平台的任意一个平台都可能会比比特币或任何其他加密货币更加引领潮流。由于可扩展性的原因，瑞波似乎比以太坊更有前途。比特币每秒可以进行 16 次交易，以太坊是 15 次，而瑞波是 1 500 次。据其网站介绍，比特币的平均交易时间超过 1 小时，但瑞波的平均交易时间为 4 秒。当然，比特币交易速度可以改善，但如果一开始的差距就太大，我们很难相信这个差距最终会有较大改善。

因此，传统机构在中心化区块链上的选择是正确的。但是，那些没有太大的影响力来迫使整个行业形成某种格局的小公司又该怎么办呢？一个选择就是等待，并尝试成为最快的跟随者。但是构建一个大规模的区块链项目需要很长时间，它不可能在一夜之间完成。此外，通过快速行动获得的优势通常是短暂的。因此，为了获得真正的优势，小公司应该考虑合资、收购、联盟，或者通过采用获得许可证的方式，这些方式都可以帮助小公司获取相关的专业知识。大多数大型机构都以与自身平行的方式同时参与某种形式的合作。银行的本质是寻求系统的互操作性，毕竟它们在过去曾建立过统一的标准，如 SWIFT 就是这样的项目，该系统成立于 1973 年，是目前运行于所有银行间用于信息交互（也就是转账）的私有交换网络。1970 年也有类似的合作，当时有 243 家银行联手创建了维萨卡（Deutsche Bank，2016）。事实证明，这种模式非常成功。随着区块链技术的出现，银行似乎又在复制这种模式。我们在引言中曾简要提到 R3 联盟于 2015 年年底成立，这是一项行业倡议的，旨在银行间建立一个共同的区块链标准，并协调众多封闭式区块链发展的联盟。该联盟的大多数创始人和早期成员都是银行业巨头，其中法国巴黎银行、高盛、瑞银、苏格兰皇家银行、巴克莱、摩根大通和瑞士信贷都是其成员。截至 2017 年 12 月，世界上已有 100 多家主要金融机构和监管机构加入该联盟。

全球大型金融机构之间的第二个大型合作是在 R3 联盟成立几个月后启动的超级账本项目。这项由 Linux 牵头的项目包括 R3 联盟成立作为创始成员，也包括摩根大通、伦敦证券交易所、埃森哲（Accenture）和思科（Cisco）等大型金融和技术公司，以及 SWIFT 网络本身。超级账本项目是一个开源项目，它为自己设定了开发"商业区块链"（blockchain for business）的目标，但其拒绝比特币和整个去中心化区块链体系。这个想法的目的是为银行业创建一个标准，同时限制区块链节点的数量。

从纯技术的角度来看，中心化区块链胜过去中心化区块链。当然，这些中心化区块链并不是像中本聪及其追随者想象的那样的一场革命，它不足以引起媒体的过度关注。不过，归根结底，决定区块链未来的既不是中本聪的追随者,也不是媒体,最终决定权是在客户手里。与此同时,银行在很大程度上不受炒作的影响,也会努力夯实它们之间建立的"尝试&检验"的合作道路。但这样做就够吗?

> 中本聪的追随者和媒体都不能决定区块链的未来,其决定权最终是在客户手里。

第3章
可怕的剧变不会来临
——为什么银行业不会是另一个柯达公司

神话：随着区块链的成功，银行的倒闭会随之而来。

将价值链切割成一定规模

  2016年年底,德勤、英国首都银行(Metro Bank)和分布式账本技术公司SETL,向德勤员工发放了100张测试借记卡,德勤员工可以在试用环境中使用这些借记卡来购买纸杯蛋糕,智能卡上的余额会自动即时更新,完全符合KYC原则和AML法规。账本技术并行运行多个区块链,解决了与比特币等加密货币应用相关的交易速度问题,持卡员工用法定货币英镑进行支付。SETL的技术有两大优势,首先,它每秒可以处理数万笔交易——相当于大型规模的银行卡网络;其次是它的互操作性,其运作模式就像手机中的SIM卡一样,无论发卡机构是谁,账本技术都可以支持交易(Deloitte,2016)。

  这个试验让我们看到了被区块链赋能的未来可能是什么样子。银行仍然是这条区块链的一部分,但中介机构将被挤出历史舞台。一笔交易,只需要一个发送者、一个接收者、一家银行和一家区块链公司,区块链公司甚至可以被整合到银行中。正如我们所看到的，区块链的核心承诺是通过算法创建信任，最后消除中介。甚至欧洲银行业协会（2015）也预测到，区块链将降低对可信第三方的依赖，如支付服务提供商、保险公司、风险分担公司等，其中受冲击最大的将是信用卡公司、汇款服务机构、收单机构和支付处理机构。清算所也将受到影响，因为银行之间可以自行进行交易结算，但根据花旗集团的一份报告，这种影响较为轻微（Citi GPS，2016）。花旗的报告为银行机构描绘了一个较好的前景，但它同时指出，所有银行都需要共享同一个区块链才能生存。正如我们在第2章中看到的，瑞波等跨链解决方案和R3联盟等致力于统一标准的联盟，都将为银行的成功铺平道路。

中介机构为何面临如此高的风险？复杂的支付过程需要一系列的参与者来保证支付的安全，其中一个核心团队是支付过程的处理商。第三方代表商家处理交易，在每笔信用卡和借记卡交易中，它们负责交易授权和结算，通过将交易转交开证行或信用卡公司来进行交易验证。这些交易处理商是典型的中介，没有它们，商家就无法完成交易支付。因此，点对点验证机制给它们带来了巨大的风险。信用卡公司也面临来自区块链类似的压力，它们提供了一个支付网络，并向商家收取交易价值1%~3%的卡费。然而，信用卡公司的风险比纯交易处理商要小，部分原因是这些公司也提供其他服务，如保险或客户忠诚度计划，但最主要的原因是美国运通和维萨等拥有全球强大的企业对消费者（B2C）业务品牌。然而，从长远来看，这不太可能帮助它们维持自己的地位，因此它们也在积极尝试挖掘区块链的潜力。例如，维萨正在开发比特币汇款服务，而万事达卡和美国运通则在投资阿布拉（Abra）和数字货币集团（Digital Currency Group）这两家区块链初创公司（Hileman，2016）。此外，万事达卡还申请了4项区块链专利以改进其结算系统（Redman，2016）。

像西联这样从事汇款服务（或电信传输汇款服务）业务的公司将面临被淘汰的局面，全球汇款市场规模估计为5 140亿美元，交易费用达到7%～30%（*The Economist*，2012）。而许多金融科技公司却可以提供几乎免费的替代方案，可以跨国界转移大额资金。而且，如果银行加入区块链的潮流，就不会再有需要电信传输汇款服务的客户群体。金融科技公司的价值主张是，在没有银行账户的情况下实现资金跨境转移，账户被替代是没有任何障碍的。

区块链威胁到老牌传统玩家的核心业务，这不足为奇。然而，让人吃惊的是，它也有潜力取代当代新兴业务。贝宝就是这样一个例子，该在线支付平台基于现有的支付基础设施，使用银行账户及信用卡网络获得了可观的利润，其2018年年收入为131亿美元（Statista，2018）。然而，区块链不仅可以砍掉一层甚至两层中介机构，将贝宝企业帝国逼上摇摇欲坠的境地。贝宝很痛苦地意识到了这一点，并通过与Bitpay、Coinbase和GoCoin（比特币三大领先支付处理机构）建立合作关系寻求发展（Mac，2014）。比特币钱包公司Xapo的前首席执行官也加入了贝宝董事会（Hileman，2016）。

那么，银行业这个巨大群体的情况又如何呢？一般来说，零售银行的服务可分为三大类：价值存储（即账户存款或资产）、价值转移（即提供支付和交易等服用）和价值服务（即贷款）。金融科技公司声称银行业将被终结，那它们必须要证明自己能够更好地（或至少同样出色地）完成上述三项职能，但这种情况尚未发生，好像在将来也不太可能会发生。区块链的主张首先是要彻底改变资金的流动，但银行不会从价值链中被切断，区块链技术只会打开银行业的市场结构。这一结论可能会让末日论者失望,但其意义不应被低估。一项关于全球银行业市场结构的研究(Bikker 和 Haaf,2002)显示,在国家范围内,银行业高度集中,而国际竞争更加激烈。银行业集中现象在欧洲表现得尤为明显,这在很大程度上是由于多次行业合并的结果,以及过去防止银行竞争的监管所造成的后果。在大多数欧洲国家,市场结构是一种"垄断竞争",而美国市场有些不同。由于《1933 年银行法》(也称作《格拉斯－斯蒂格尔法案》),今天的美国拥有比其他国家更多的小型社区银行。截至 2016 年年底,在美国的 5 701 家银行机构中,只有 0.2% 的机构拥有超 1 000 家分行,只有 1.4% 的机构拥有 100～1 000 家分行(US-BankLocations.com,2018)。然而,就连美国自己也看到了市场整合的趋势,部分原因是并购,部分原因是小型银行可能倒闭。在美国,有 85% 的银行倒闭发生在资产价值低于 10 亿美元的机构中(Government Accountability Office,2013)。

在讨论银行业市场结构时,稳定性是一个非常重要的因素。如果不考虑并购或退出市场所带来的竞争性转变,机构的竞争力很少变化,市场份额的小幅增长与其说是由创新驱动的,不如说是由忠实的客户驱动的。看看银行获取和流失的客户统计数据(Statista,2017),我们惊讶地发现,那些繁华街区银行的客户的资产组合基本处于静态。在英国,一些非常可靠的数据显示,绝大多数客户使用活期存款账户转换服务(Current-Account Switch Service,简写为CASS)来更换他们的银行。在 2017 年第二季度,英国全国银行(Nationwide Bank)客户净增 38 626 人位居统计首位。排名第二的是 TSB,达到了 20 120 人,而汇丰银行客户净增 4 927 人位居第三。其他所有公司要么处于平衡状态,要么客户在流失。然而,有一部分业务正呈指数级增长，那就是数字银行（digital bank）。

与区块链内容不相关的、由花旗 GPS 报告（2016）预测，银行分行数量将大幅下降。据估计，2014—2025 年，美国和欧元区的银行分行数量将分别下降 33% 和 45%。在银行分行数量不断下降的同时，一种被称为"直销银行"或"数字银行"的新型银行正在崛起。这些以数字为主导的银行专注于银行的基本服务，如借记卡和储蓄功能，它们没有分支机构，而是通过功能集成移动端进行运营。例如，通过初创公司 N26，客户可以在短短 8 分钟内通过电话使用 IBAN（国际银行账号）开立银行账户；更为典型的例子包括美国的 Moven、Simple、GoBank 和 Bluebird 公司，以及欧洲的 Fidor 和 mBank 公司。美国的活跃客户已经超过 2 000 万，如果加上预付卡计划在内的客户，这一数字将达到 2 700 万，市场占有率已经高达 9%（King，2014）。埃森哲于 2013 年估计，到 2020 年，直销银行可能从全方位服务银行的手中抢夺约 35% 的市场份额。

数字银行可以是传统机构的分支，也可以是独立的存在。然而，这些独立机构中有很多实际上并不是独立的，它们与某些传统银行有关联。世界上最大的 5 家直销银行都是传统银行的分支机构或附属机构。而在前 20 家直销银行中，有 15 家隶属于传统银行。那些不隶属于大型机构的独立银行，往往因其创新能力而被大肆宣传，但它们的市场份额相对较小，例如德国 Fidor 银行只有 20 万客户（Frost 和 Sullivan，2016）。除了规模占有优势，盈利能力也倾向于传统银行一边。在德国，荷兰国际集团的互联网分支机构不仅是第三大银行，而且是整个零售银行业盈利能力最强的机构之一。到目前为止，数字银行并没有改变行业的游戏规则，尽管"数字银行"这一名称可能暗示了这一点，但它们实际上并没有给银行业带来数字化革命，它们所改变的只是与最终客户的互动，从而使客户服务更加方便，管理费用也大大降低。毫无疑问，这有助于更好地服务于特定的目标群体，但后端与实体银行相同。因此，数字银行并没有最初预测的那么重要。但是，与价值链的其他参与者结合，区块链可能会改变一切。目前的参与者将面临越来越多的挑战，特别是非银行中介机构，市场上将会涌现更多新的参与者和搅局者。

海洋中的新鲨鱼

商学院教授、管理大师和企业首席执行官往往会有一个共同点，他们都会痴迷于探索、构建和维持竞争优势，而不是为争夺同一个客户而缠斗不休。随着破坏性技术创新的兴起，这种对竞争优势的追求将变得更加明显。

我们有4种竞争范式可以解释竞争优势的来源：

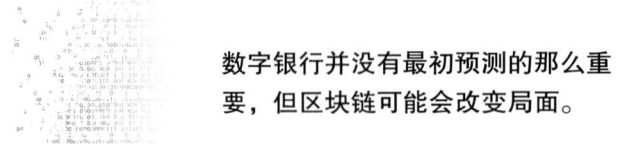

> 数字银行并没有最初预测的那么重要，但区块链可能会改变局面。

- 战略冲突方法（市场外部性方法的一部分）。
- 竞争力方法（市场外部性法的一部分）。
- 基于资源的视角（企业层面方法的一部分，见第 5 章）。
- 基于动态能力（dynamic capabilities）的视角（企业层面方法的一部分，见第 5 章）。

前两个要点着眼于市场外部性，主要是竞争力以及这些竞争力将如何被创新来重构，这两点的重点是市场结构以及参与者、供应商和客户的战略选择。另外两个要点分析了哪些公司最适合在新的市场条件下获得优势。一个行业往往不是因为市场形势而成为热点，而是市场发展符合行业公司的核心竞争力（Teece、Pisano 和 Shuen，1997）。要了解区块链的影响，我们需要使用所有以上 4 种竞争范式。在本章，我们将看到区块链将如何改变市场结构。在第 5 章，我们将看一下事物的另一面，即公司发展所需的核心竞争力。

战略冲突方法（如 Shapiro，1989）考虑的是传统机构如何通过战略投资、信息不对称、产品定价和市场信号传递来管理竞争。市场信号传递包括掠夺性定价或限制性定价，这意味着传统机构故意将价格定得极低并摧毁其成本边界，而根本目的不是服务客户，而是击败竞争对手，摧毁它们的盈利能力，使得它们不得不退出竞争，或者根本从一开始就不进入这个市场。一旦竞争格局被破坏，这些公司就可以再次提高价格。在战略冲突中，保持市场地位是一条至高无上的准则，所以一切都是为了控制市场环境。这些行动要在做出战略性和不可逆转的承诺的条件下才能有效。然而，问题在于，这种方法的理论基础是博弈论。博弈论这一概念在学术界流行了几十年，它要求每个市场参与者都要预测竞争对手对于自身决策的反应，谨慎设想各种可能以及对手可能选用的应对决策。这些做法很可取，但最终模型却无法提供有用的预测和可测试的洞察（Sutton，1992）。如果一个行业的参与者之间仍然存在巨大的能力差距，博弈论分析结果可能是对的，但问题是，我们真的有必要这么去做吗？如果亚马逊推出免费送货服务，其他零售商也会被迫这样做，这一点似乎不需要一个电脑模型来告诉你就能知道。在能力比较均衡的情形下，这种模式的效益变得微不足道，而只会对技术变革很少且缓慢的行业有所帮助（Teece、Pisano 和 Shuen，1997）。因此，战略冲突方法在确定区块链对银行业的影响力分析方面提供的支持依据会很少，而竞争力方法在这方面做得更好一些。

对于每一个在管理咨询行业谋生或是在商学院上过课的人来说，迈克尔·波特（Michael Porter）这个名字一定不会陌生，这位备受尊敬的哈佛大学教授是商业与经济学领域被提到最多的作者。早在 20 世纪 80 年代和 90 年代，他就将经济学的概念引入管理战略中，彻底改变了企业对竞争的思考。对竞争优势的阐述，没有人比他做的更好，他对于行业的影响时至今日依然深远。在他的所有作品中，竞争力模型是他最重要的成果，其实质是企业应该寻找那些由于竞争不强而具有较高盈利能力的行业来发展。一旦发现这样的行业，它们就应该采取行动，保持竞争力，或者在市场力量最弱的地方找到发展空间，否则其盈利能力将受到直接影响（Teece、Pisano 和 Shuen，1997）。这里有一个简单的原则，如果竞争对手的数量增加，利润空间就会下降，能分到的蛋糕就会变小。为了使这一方法更加切实可行，波特（1979，1980，1985）将对盈利水平有影响的力量分解为 5 种（Porter，1979）：

第3章
可怕的剧变不会来临——为什么银行业不会是另一个柯达公司

- 赎买者的议价能力。
- 供应商的议价能力。
- 替代品威胁。
- 潜在进入者威胁。
- 同行业竞争者。

按照这种模式，零售银行业一直是一个有吸引力的行业，但正如我们所看到的那样，行业结构可以通过创新来改变，新技术可以解救行业、改变行业并再次束缚行业的发展，这正是区块链将要经历的。接下来，我们来说明区块链将如何影响行业发展。

波特五力模型中的第一种力量是购买者的议价能力。目前削弱购买者在零售银行业务中影响力的因素是他们过于分散，这些购买者不具备联合游说能力。当个体转向私人银行服务时，他们并没有因此获得很高的经济效益。尽管财务转换成本很低，客户有权单方面更换供应商，但这种情况并不常见，而更常见的情况是，如果更换银行需要客户行为上的改变，则客户往往因此不愿意通过更换银行以获得经济上的收益，尤其是在产品本身对客户而言没有什么情感意义的情况下。比如，利率或信用卡费用就不会引起客户情绪波动。所有这些因素都降低了购买者的购买力。然而，在一个基于区块链的世界中，更换服务商将更容易，客户可供选择的范围将更广，而且新产品也会各有千秋，这是因为金融科技大军将会聚焦自身的战略，提供针对特定客户群需求的解决方案，成本和服务内容都将更加透明，并且都会打包到应用程序中。

因此，虽然我们预测只有一小部分权力会向客户倾斜，但供应商的议价能力将一飞冲天。这里有两个群体很重要，就是资本供应商和技术供应商。尽管新的出资人开始出现,但资本供应商仍将得到丰厚的回报。银行服务的准入门槛将被削弱,因此,资本供应商将不再仅仅依靠少数大型金融机构来"购买"其资本。

技术供应商将获得更多利润。目前,由于很多银行都是自主开发 IT 系统,因此这些供应商几乎没有任何议价能力。随着信息技术范式的推出(见第 6 章),特别是随着云计算的兴起,技术供应商的业务模式也发生了变化。它们业务模式将不再是注重销售,而是将转化为租用服务器,并通过软件为客户提供服务。这意味着市场将更具规模优势和市场集中度效应,目前亚马逊、微软、IBM 和谷歌已占据全球云计算市场 56% 的份额,而仅亚马逊一家就已经占据了 31% 的市场份额,而且这种趋势还在继续。前 4 名供应商市场占有率的年增长率都在 53% ~ 162%(Synergy Research Group,2016)。此外,由于我们预计更多的市场参与者将通过区块链进入银行业,因此技术供应商的潜在客户群将出现爆炸式增长,并将使得这些供应商变得更加强大。技术供应商已经做出了一个关键的战略决策,它们将抓住小型银行客户,确保这些客户使用其服务,以此来扩大其所控制的价值链,也就是"区块链即服务"(Blockchain-as-a-Service,简写为 BaaS)产品,该产品类似于"软件即服务"(Software-as-a-Service,简写为 SaaS)的概念,即为银行提供一个可以按月租用的现成的生态系统(我们在第 4 章讨论这一点)。一旦使用了云计算巨头提供的系统,金融服务提供商的转换成本就会变得很高,这使得云计算巨头处于一个非常理想的位置,金融科技公司和小型银行都需要必要的基础设施,但同时也希望规避过高的资本支出。所有这些趋势导致云计算平台的议价能力显著增强。因此,它们可以提高价格,主宰合作条件。然而,这种效应只会削弱那些无力承担自身内部基础设施建设的银行和企业的竞争力。而在银行业，云计算巨头的崛起将使利润率更偏向于大型银行。

波特五力模型中的第三种力量是替代品威胁。目前，除了现金，市场上并没有多少替代支付的产品（当然像贝宝这样建立在同一基础设施上的服务不计在内）。区块链制定了新的规则，也产生了真正的替代方案，可以在传统的现有系统之外引导资金流向，数百种加密货币使得 P2P 资金的流转无须银行账户或信用卡网络，而这些替代品注定会给市场参与者的利润率带来压力。

然而，与潜在进入者构成的威胁相比，波特提到的所有威胁都显得苍白无力。行业壁垒的消失有可能打破当今存在的完全垄断和寡头垄断的趋势。波特（1979）所定义的新进入者面临的障碍来自 6 个方面，与规模无关的成本劣势（如学习曲线）、进入分销渠道的机会、政府政策、规模经济、产品差异化和资本要求。以上这些障碍中的一部分不会受到区块链的影响，而另一些将开始逐渐消失。

学习曲线是一个始终存在的进入市场的障碍。例如，合规和风险评估需要大量学习和专业知识，而且针对这些能力的培养是没有捷径的。

政府政策与合规性密切相关，在保护传统机构方面起着主要的作用，尽管这种作用慢慢开始摇摇欲坠。类似 PSD2 这样的法案可能会确保公平竞争，但货币的制度性要求总会倾向一些经过"尝试 & 检验"的团体，这些团体拥有合法的银行牌照以及连带的权利和义务。

在分销渠道方面，区块链的效果是好坏参半的，这取决于目标群体。一方面，获得新客户的最大渠道仍然是实体银行分行，但这主要适用于老年人口。对于年轻一代来说，通过点击一个应用程序来注册贷款或银行账户，比坐下来面对银行职员在一堆文件上签名更直观。

市场参与者真正需要克服的行业壁垒是规模经济效应。区块链技术将银行业带入数字领域，在数字时代，规模经济的优势在逐渐减弱。服务器类的资源能够以低成本被租用和扩展，这同样适用于服务型区块链软件，彼时我们将不再需要雇用一支信息技术团队来与现有的市场参与者进行竞争。

风险最小化也会降低行业壁垒。金融机构是风险的缓释者，因此需要特别的资本来应对最坏的情况。风险计算的底线可以影响到产品、市场的进入和整个行业。然而，区块链减少了这种负担。随着新技术的发展，有两种主要风险可能会过时：结算风险和交易对手风险（Tapscott 和 Tapscott，2016）。对于结算风险，通过算法可以强制交易结算，因此不存在交易对手不履约的风险。交易也变得及时，交易结算需要的时间不再是几天或者几周，这意味着交易对手风险也大大降低，因为交易对手在结算前违约的可能性非常小。

差异化是另一个有效的行业壁垒。银行业的品牌都很成熟，有的是代代相传的。虽然金融产品不容易唤起人们的情感，但品牌所代表的信任是必不可少的。没有品牌的吸引，没有人会把他们的储蓄放在网上。

资本要求是最后一个行业壁垒，这一壁垒也在逐渐消失。银行必须持有足够多的资本，但大多数金融科技公司无论如何都不会努力成为银行。对于非银行机构而言，区块链确实大幅削减了资本要求，这首先体现在初始信息技术投资方面。

波特在他的模型中描述的最后一种竞争力叫作同行业竞争者，

其强度是前4种力量综合作用的结果,包括购买者的议价能力、供应商的议价能力、替代品威胁以及6种行业门槛。尽管存在垄断竞争,但在当今银行业中,行业竞争依然十分激烈,波特的大部分观点都是针对这一力量而言。竞争主体在实力和规模、行业增长乏力、差异化和转换成本低、退出成本在所有行业中是最高的等方面非常相似。随着竞争对手的数量呈指数级增长,区块链将进一步加剧这种竞争格局。竞争将多样化,其商业模式也将多样化,从而使现有的一刀切模式无法满足那些具有非主流需求的客户群体。客户的转换成本将进一步下降。人们甚至不必去银行分行,只需下载一个应用程序并进行注册即可完成业务流程。

任何一种市场力量都不会随着区块链技术的出现而减弱,但它们也不会不受区块链的影响,表3.1总结了总体效果。

表3.1 基于区块链的银行业的5种市场力量概况

市场力量	前区块链时代的银行	基于区块链的银行
购买者的议价能力	中	高
供应商的议价能力	中	每一类参与者都有所不同
替代品威胁	低	中
潜在进入者威胁	低	中
行业竞争者	高	高

波特模型在管理界非常成功,以至于后来有许多人都想尝试超越这一模型。这些尝试包括反驳模型中的某些力量,或增加其他力量。然而,大多数修改模型的尝试都没有成功,波特模型的5种力量多次被证实。但在这些尝试中有一个却是成功的,那就是互补者的力量(Grove,1996;Hill,1997),这第六种力量描述的是那些

95

能为其他产品提供增值的产品,只有与这些产品结合在一起时才能发掘其潜力。让我们看看这一点在银行业是如何运作的。从历史上看,银行账户、贷款和借记卡通常来自同一家银行,但如今这一联系正在减弱,例如,信用卡可以由第三方供应商提供。然而,区块链将使互补者重新重要起来,从而会使零售银行业成为一个更具吸引力的市场。新的服务将能够进行交叉销售,毕竟区块链可以把信任带入比货币交易宽泛得多的领域。一旦传统的收入流失去重要性,新的商业模式将会脱颖而出。尽管我们所指的并非意外之财,但至少对银行来说是一个积极的信号。虽然扩大核心业务有很多机会,但每一个机会都需要战略性的坚持和长期的努力,这也是一个克服惰性的艰苦斗争。

> 从历史上看,客户的银行账户、贷款和借记卡通常来自同一家银行,但如今这一种联系正在减弱。

现有市场参与者的困境

20 世纪 80 年代初,如果说有一家公司可以代表整个计算机行

第3章
可怕的剧变不会来临——为什么银行业不会是另一个柯达公司

业的话，那就是IBM。美国这家巨头可能是整个经济体中最知名的公司，在其鼎盛时期，IBM的收入增长超过了所有竞争对手的总和。IBM认为自己在本行业中将会风光无限，它确信大型机计算有着光明的未来，将之前的业务下滑归因于1979年的油价冲击。当经济复苏，所有的首席信息官都会选择IBM的设备，并且会气定神闲地认定他们的决策永远不会错。IBM不可一世的员工甚至没有考虑到竞争问题，IBM预见的唯一威胁是日本的竞争对手，这些对手可以复制其技术，以更高的效率做同样的事情，并以此来降低价格。对此，IBM采取了限制市场推广和销量的措施，客户的期望让位于利润率的提高和规模的扩张，IBM还试图终止其租赁模式。公司业务发展势头良好，财务业绩大幅提升，大量现金的涌入使IBM有能力建造奢华而昂贵的半导体工厂，同时也雇用了数以万计的高级专业人才。1985年，IBM公布了创历史的经营业绩，傲慢情绪笼罩了公司领导层。然而仅仅5年之后，IBM的销售额仅仅达到680亿美元，而不是1 000亿美元，其巨大产能只能发挥出一半，以前租用大型机的客户群也消失了。IBM在几年前雇佣的高学历、高成本的员工要么无事可做，要么在收到巨额赔偿金后被遣散回家，IBM的股价暴跌（Mills，1996）。

这期间究竟发生了什么？简短的解释是，从大型机到网络化微型机的技术转换几乎导致了公司战略的失败。失败原因并不是IBM的机器质量出了问题。在其鼎盛时期，IBM是一个运转顺畅的行业巨头，其品牌主导了整个行业，它与供应商的谈判能力是其他竞争者遥不可及的，其生产线的规模优势使其他企业无法在定价方面与其展开竞争，而当时无论是高潜力人才或是高级专业人才，都渴望投身于IBM的深蓝（BigBlue）项目中。IBM在当时看来是无所不能的,是不是 IBM 有些好高骛远?公司是不是对威胁生存的创新不够重视?"伊卡洛斯悖论"(Icarus paradox)能给出一定解释(Miller,1990)。该悖论描述了一种机制,在这种机制下,领先企业对其当前道路的优越性深信不疑,它们不会感觉到自身赖以生存的基础在悄然改变。

如今,金融业也处于类似的状态,在各个国家的竞争市场,确实只有少数几家大银行占据主导地位。在非银行机构之间,情况也没有什么不同。美国运通卡、大来卡(Diners Club)/发现卡(Discover)、吉士美卡(JCB)、万事达卡、维萨卡和银联几乎占全球信用卡交易总额的82%,高达26 044万亿美元。[①] 所有这些巨头的资产负债表都显示出自身的财务状况十分健康。因此,它们最终也被自身的状态蒙蔽,从而忽略了区块链的潜在威胁。对于这种状况,我们还真的不能过于责怪它们,毕竟,今天的模式不仅适用于这些巨头,而且适用于所有竞争对手。然而,挖掘区块链技术并不是它们正在做的事情。一般来讲,传统金融机构是挖掘新技术和保护现有业务的先行者之一。遗憾的是,正如历史告诉我们的那样,这不会让它们免遭厄运。以诺基亚(Nokia)和柯达(Kodak)为例,这两家巨头主导了电信和摄影行业,但随着革命性技术的引入,它们的市场份额急剧下降。柯达就是一个很好的例子,表明市场传统机构的失败不一定是因为缺乏创新。年轻的柯达工程师史蒂文·赛尚(Steven Sasson)于1973年向管理层展示了数码摄影的第一个原型,尽管柯达管理层最初持怀疑态度,但柯达仍坚持数码相机的想法,并于1978年获得了第一台数码相机的专利(Estrin,

---

① https://www.nilsonreport.com/publication_the_current_issue.php

第 3 章
可怕的剧变不会来临——为什么银行业不会是另一个柯达公司

2015）。柯达确实已经意识到这项新技术的潜力，并将其变为现实。诺基亚的命运和手机运营商黑莓的命运是相似的，这些公司确实试图推出智能手机，但它们根本无法调整自己的业务发展方向。我想表达的观点是，业界最强大的公司有时也无法赶上那些它们自己已经看到的潮流。

业界对这种无法改变自身方向的现象已经进行了很广泛的研究，并将其称为"惯性假说"（inertia hypothesis）（如 Sull，2003）。这一假说试图从科学上解释为什么革命家比传统机构更容易利用未来的趋势，尽管那些传统机构拥有市场控制者的所有资源。它的基本观点是，企业对当前的经营方式承担着巨大的战略义务。比如，销售队伍是专门负责销售某一特定类型的产品和服务而培训的，IT系统针对特定的业务模式而进行校准，员工的心态、文化和技能可能不符合新的核心能力的要求。让我们回到数码相机的例子，突然之间，相机的设计和生产并不需要专业人员对黑色底片进行完美的编辑，而是需要技术人员来放大百万数量的像素，同时需要管理数字存储和设计直观的菜单屏幕，而这一变化适用于整个过程，而不仅仅是硬件。柯达实际上垄断了相机、胶片、摄影灯具、相纸和冲印过程，这些事物在数字时代大部分已经过时。同样，IBM 的实体资产也都与大型机有关，其员工善于制造大型机器，其强大的企业文化将其忠实拥护者推到管理层，这种文化也以这种形式传承。管理层的成员都是行业长期成功发展的产物，他们没有见过不同的管理风格和商业模式，也从未经历过真正的技术变革，这造成了他们的隧道视觉，也让他们沉浸在成功的傲慢之中。激进和破坏性技术会改变市场状况，这与调整现有技术以提高流程效率的渐进式创新有所不同，这会造成现有企业往往无法相应地改变其结构和战略。

那些被破坏性技术所超越的公司拥有一个与当今时代脱节的DNA，我们几乎不可能把这些超级邮轮在短时间内改变方向。

一些研究人员（Christensen和Bower，1996）也提出，现有客户可能是企业惯性的一部分，因为这些客户拒绝接受新产品。柯达的一位高管在展示第一款数码相机原型时辩称，"没有人抱怨冲印照片"（Estrin，2015）。客户惰性并不意味着企业发展应该摒弃客户的导向。相反，企业也应该考虑潜在客户，并同时预测现有客户的未来需求，因为很快他们可能会要求不同的产品属性。企业需要了解客户对于所有产品选择的标准，眼界不但要顾及现在，也要顾及未来若干年。如果今天你问客户，他们选择银行的主要决策标准是什么，你会发现没有多少人会在短时间内考虑到零费用跨境转账服务，因为目前市场上没有人提供这一功能。10年前，客户也不会提出百万像素的自拍摄像头，或者手机处理器速度的要求。问题的关键是，客户的需求会受其知识的局限，因此，企业必须预测未来会发生什么。如果一些银行开始提供由区块链技术支持的新功能，那么它将成为客户的一个选择标准，这项标准也会成为竞争优势的来源。因此，对于企业发展来说，隧道视觉有时是个问题。特斯拉不是汽车行业巨头宝马发明的，爱彼迎也不是酒店行业巨头希尔顿发明的，还有更多的例子支持这一点。在第4章，我将考察这一观点的代表性。

不过，公平地说，银行业不像诺基亚或IBM等科技公司，甚至也不会像美国的实体零售商巴诺（Barnes & Noble）那样面临业务格局被打乱的风险。合规性、资本要求和公司治理是技术无法回避的一些问题，但如果银行认为它们可以吃银行牌照的老本，那它们就错了，因为监管对非银行牌照持有者越来越开放。支付和贷款是

第3章
可怕的剧变不会来临——为什么银行业不会是另一个柯达公司

已经受到金融科技冲击的前沿领域，如果传统机构未能提出一项切实可行的新技术，监管防火墙将出现第一个严重裂缝，这是一个比表面看起来更具可能性的情况。尽管银行业巨头拥有创新能力和主导地位，但它们的新产品可能会遭遇灾难性的挑战。通过自动柜员机的示例我们可以看到旧的组织架构几乎差一点扼杀一个被当今银行业应用最广泛的技术。

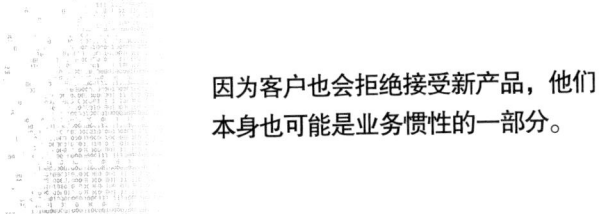

> 因为客户也会拒绝接受新产品，他们本身也可能是业务惯性的一部分。

克服惯性——自动柜员机示例

从技术上讲，20世纪60年代在许多方面与当今世界非常相似，那个时候也有很多人在谈论各项技术发明和各种流行概念，大家都知道技术会改变经济发展，但没有人确切地知道如何改变。同样，今天的技术讨论大多围绕区块链或加密货币，而那时的讨论是围绕计算机和网络技术。银行对它们自己的发展方向毫无疑问，但确切的目的地和路径仍是个谜。花旗集团试图突破这一切，它提出了一些简单问题：客户需要什么？技术进步如何满足这些需求？关于这些问题的答案给出以下结论：在线交易处理网络是未来的发展方向，这是一种自动化、互联的网络，这些技术可以帮助银行的客户在管理和存取资金时拥有更大的自主权和灵活性（详情见 Glaser, 1988）。

为了将这一愿景变为现实，花旗集团向当时的大型科技公司寻求帮助。然而，在其他金融机构也致力于发展在线交易的想法之前，这些科技界的领袖们不愿意冒险投入巨大的资源来开发此类系统。对于银行来说，消极等待意味着浪费先行者的优势，因此它们开始自己动手，试图在内部创建一个系统解决方案。然而，花旗银行的努力遭遇灾难性的失败。简单地说，这种努力成为惯性假说所描述的现象的牺牲品，虽然公司后台竭尽全力处理不断增长的交易量，但公司高层没有人愿意将主要精力花在后台系统开发上，他们更加关注于前台业务，因为最终管理层的业绩是用业务成绩来衡量的。此外，当时花旗银行的业务经理通常会在这一岗位上留任两年，那么，这些经理又何苦去关注一个需要 5 年开发时间才能给公司带来收益的技术呢？因此，在 1969 年，花旗集团将其技术和市场开发部剥离，并成立了一家独立子公司，即花旗集团系统公司（Citicorp Systems）。公司位于马萨诸塞州剑桥市的哈佛大学附近，选定这个位置是为了保证人才的供应，并同时与计算机供应商保持密切联系。然而，4 年之后，花旗的努力仍然没有产生什么显著效果。如同这家子公司的名字所展示的，这家新的子公司确实不够独立，在管理上与集团总部的关系过于紧密。

1972 年，花旗集团采取了另一种在当时很不常规的做法，它与洛杉矶的一家 IT 公司科特龙（Quotron）签订了一份协议，该公司

第3章
可怕的剧变不会来临——为什么银行业不会是另一个柯达公司

允许花旗集团使用其处理器、硬件和软件专利，同时也可以支配 30 名软件工程师。花旗与科特龙在洛杉矶成立了一个新的交易技术公司，成员包括科特龙的 30 名工程师和花旗集团系统公司团队，花旗集团是这家交易技术公司的唯一股东，该公司需要在其战略发展和与花旗的独立性之间取得平衡。

然而，即使拥有合适的公司架构，成功之路也不会一帆风顺。花旗集团深知自己要建立一个在线交易处理网络，它也了解客户希望更方便地获得现金而不必去家附近的分行跟银行柜员面对面交易。一种做法是在零售商的商店安装带有现金存储和分发功能的简单终端。但银行与零售商对这些机器对零售业的刺激到底有多大，以及两者谁受益更大这些问题上的分歧，使得双方不可能就商业模式达成一致。因此在 1976 年，类似的技术被转到花旗集团在纽约的 260 家分行。此外，零售商也同意安装支付终端并从无现金购物过程中获利。在使用自动柜员机和 POS 机时，客户需要使用借记卡。当时客户将这些卡片称为"神奇中间卡"（magic middle cards）。信用卡的内部结构中也嵌有磁条，持卡人可以使用 ATM 服务。花旗集团意识到这项新技术的应用领域会非常广阔，其客户可以全天候存取现金或支票。"花旗永不眠"（The Citi Never Sleeps）这一承诺在未来几年成了花旗的市场定位。为了实现这一承诺，花旗集团在每家分行至少安装了两台 ATM。这是一个明显的分界线，要提供这一级别的服务，其他任何一家银行都不得不投入数年时间和数百万美元的研发经费。直到 20 世纪 80 年代初，其他银行与花旗集团的竞争格局才真正形成。

因此，ATM 是一项有望从根本上削减运营开支和提高客户体验的技术，你感觉这种说法听起来很熟悉？有了区块链，我们看到的情况几乎是一样的，那么为什么今天的市场参与者会如此犹豫呢？首先，就像当年的情况一样，福利只能以追溯的形式定义。当花旗推出这些ATM时，其他银行仍持怀疑态度。一开始，有限的交易量使得每笔交易的成本很高，因此坚持使用柜台服务要便宜得多。但这一技术突破使花旗银行的市场份额得到了前所未有的提升，在引进ATM之后，花旗银行的市场份额从4%飙升至13.4%。

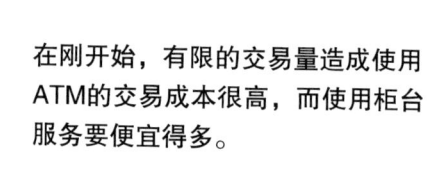

> 在刚开始，有限的交易量造成使用ATM的交易成本很高，而使用柜台服务要便宜得多。

新的服务吸引了新的客户群体，这也使未充分利用的分行系统得到了更有效的利用。此外，由于银行柜员有时间开展更多的销售和服务活动，因此银行员工有更多的机会向现有客户进行交叉销售。截至1988年，花旗的客户群比1977年增加了两倍。

像花旗这样一个几乎拥有一切的市场主导者，包括技术原型和前瞻性的管理层，怎么会发现通往成功的道路如此棘手呢？不知大家是否还记得克莱顿·克里斯坦森关于破坏性技术的研究工作，在其著作中，他不仅描述了传统机构失败的现象，而且指出了造成这一现象的两个主要原因。一是资源明显不足。竞争可能会突然需要不同的资源，而使其他资源过时。如果没有这些资源，那情况就会很糟糕。花旗集团的情况并非如此，区块链世界中的银行也不会如此。与ATM一样，区块链也需要特定的编程知识，但银行IT团队有掌握这些知识的能力。

克里斯坦森认为，传统机构失败的第二个原因是资源分配过程（Danneels，2004）。为了确保管理层转型，企业也许需要成立另外一家公司。企业原有的结构、流程、人员都是建立在旧的市场竞争环境下。即使企业内部有一定的主动性，新部门或特别项目组也会浪费时间和精力去争夺资源，包括人才、预算、信息技术服务和其他内部服务。幸运的是，业界已经有研究（Danneels，2004）发现了解决这些问题的有效方法，这与花旗采取的方法非常一致，那就是要利用破坏性技术，最好建立一个独特的组织。当然，一个新的法律实体也会伴有额外的官僚气息和风险。因此，并非每一项创新都值得设定独立的组织。一些学者的研究（Iansti、McFarlan和Westerman，2003）结果，显示了什么时候设定这样的独立组织才有意义。这些学者在1995—2003年访问了百余家公司，他们发现，如果现有企业和新企业之间的资源互补性是决定性的，而且如果新旧企业的协调需要很大努力，那么保持在其中一个公司的结构内是可取的。对于区块链，在最初成立一个新的公司，之后重新整合，这样做可能会有意义。对母公司资源的依赖并不是必不可少的，事实上，母公司的IT"遗产"可能是一个主要的障碍。不过，重新整合将是必不可少的。区块链是一个助推银行目前现有业务发展的动力，银行必须努力保持这种分拆状态下的紧密关联性，并保证这一关联与其总体目标保持一致。

事后看来，我们很容易找出企业发展的症结，但当时对花旗来说，这是一次艰苦的历程，究竟哪一条路是正确的解决方案非常难以确定。最后，花旗成功地开发了一台 ATM，随即成立了一个子公司，并配备了 30 名来自合作 IT 公司的技术人员，这家公司与花旗成功地达到了一个微妙的平衡，即给予新公司足够的自由度的同时，使得这家公司的发展与花旗的总体目标保持一致。

银行必须从花旗 ATM 的努力中汲取经验，正如它们可以从研究报告中汲取经验一样。在 50 年前，银行有足够的特权可以进行各种尝试，成功与否都不会有严重的后果，那些好日子已经一去不复返了。目前已经有众多的挑战者，渴望攻占支付和贷款市场，银行已经没有犯错的余地。那么，我们自然要问的问题是：目前的市场参与者是否对未来的技术进行了足够的投资？

> 在50年前，银行有足够的特权可以进行各种尝试，成功与否都不会有严重的后果。

只说不干还是战略优先——银行目前的行动够吗？

银行当然关注了区块链，72% 的银行已经开始了区块链之旅

（Deloitte 和 Efma，2016）。目前已有超过 100 家公司加入 R3 联盟，而在 2016 年，专家们估计世界前 100 家金融机构在未来两年内向区块链的投资将超过 10 亿美元（Heires，2016）。但这些数字真的那么令人印象深刻吗？将这些投资与银行的总体 IT 预算相比，10 亿美元似乎微不足道。仅在 2014 年，欧洲银行就在这方面投入了 400 亿英镑，其中仅有 70 亿英镑（17.5%）用于创新，另外 330 亿英镑用于修补现有系统（Skinner，2016）。粗粗一看，为革新现有系统而花在区块链技术上的钱似乎只占 IT 预算很小的比例。

2016 年德勤的一项调查显示，70% 的银行正在研究区块链技术。这又说明什么呢？这个数字实际上有些误导，仔细研究一下德勤的报告就会发现，43% 的受访者只处于学习阶段，另有 17% 的受访者主要活跃于区块链联盟或热衷于其他信息交流活动，而实际只有 6% 的受访者在构建解决方案（Deloitte 和 Efma，2016）。这与最初数字所报告的热衷相去甚远。市场参与者热情不高的原因可以在同一项调查中找到，53% 的银行家相信联盟驱动的中心化区块链将为大规模区块链应用设定标准，第二大受访者群体（18%）相信，企业自己拥有的中心化区块链将成为企业转型的驱动力。只有很少一部分受访者认为每家银行都需要创建自己的解决方案，大部分都认为集中或共享的方式将最终成为主流。如果银行直接的竞争对手都被认为是合作者而不是竞争对手，这就降低了业界提出具体原型的总体紧迫性，从而使整个银行业更容易受到新的市场入侵者的挑战。

因此，银行家聚集在联盟链上也就不足为奇了，但加入联盟并不一定表明他们的任何承诺。加入联盟的门槛很低，对于 R3 联盟，董事会席位的门槛为每年 25 万美元会费，普通会员的门槛则低至

5 000美元（Irrera，2017）。对现有银行体系持怀疑态度的市场参与者很快就指责银行缺乏锐进精神，联盟本身被视为一种简单的分散风险的方式，如果区块链革命确实发生了，联盟参与者可以毫不含糊地说它们一直都是这场革命的一部分。

> 仅在2014年，欧洲银行就在IT方面的投入了400亿英镑，其中仅有70亿英镑（17.5%）用于创新。

过去，银行之间已经认识到合作的意义，但预算紧张同样也是难以取得重大进展的原因之一。较低的市场利率造成银行盈利空间有限，尽职调查也迫使运营支出增加，这种情况限制了创新预算（Deutsche Bank，2016）。银行家忙着增加资本储备以应对不利的监管环境，并纷纷撤出高风险市场。任何想保住自己职业生涯的经理人都会谨慎行事，不想为来年的投资错误承担责任。在所有这些悬而未决的问题中，有一点是肯定的，市场参与者对于区块链所带来的好处不会一夜之间达成共识。

我们很难预测区块链的颠覆性，但更难猜测这些颠覆何时会发生。业界有各种各样的猜测，最可靠的一种说法来自 Finextra 和 IBM，它们于 2016 年预测区块链需要 5～10 年才能成为主流。一项

第3章
可怕的剧变不会来临——为什么银行业不会是另一个柯达公司

新的技术需要数年，有时甚至数十年才能获得大规模应用的情况并不罕见，而且通常需要更长的时间才能达到提高生产率的地步，因为事物进步需要一个临界点（Quinn 和 Baily，1994）。这种延迟效应不仅适用于 IT 行业，同样也适用于其他行业，电动机在工厂首次亮相之后 30 年，生产效率才得以提高。一项新技术往往需要新一代管理者来充分把握其潜力，同时引入新流程（Brynjolfsson 和 McAfee，2014）。这种现象被称为"生产率悖论"（productivity paradox）（David，1989）。无论我们从个人电脑、发电机或是蒸汽机的情形来看，我们都需要 20 多年的时间来完成从一个"技术经济体制"向另一个"技术经济体制"的过渡，从而完成传播新技术的过程。每一项激进式创新都会引发一轮技术进步的浪潮，这种浪潮在一开始往往会阻碍生产力的提高。没有人知道区块链还将触发哪些应用程序的出现，但这并不意味着企业可以在更新其技术方面从容不迫。有些研究结论可以证实我们的直觉猜测（David，1989），首先进行技术革新的企业往往是从新技术中获利最多的，对区块链的投资效应可能需要数年时间才能体现在银行的财务业绩上，但这一效应最终一定会显现出来。

因此，我们现在大致知道什么时候可以实施和获得投资回报，但我们仍会坚持最初的问题，银行目前的行动够吗？我们要正确看待银行的行为，就需要更多的商业理论。一些策略师认为，创新有时会在瞬间打击企业和客户、转移竞争力量、扰乱市场结构。事实是，创新并非凭空而来，它并不像普罗米修斯之火那样赐予企业。相反，创新会经历 3 个主要阶段：浮动阶段、转换阶段和特定阶段（参见创新动态过程模型，Utterback，1994），这些阶段可能长也可能短，但它们总是以相同的顺序出现。

"浮动阶段"的特点是，随着企业在新产品设计开发方面的竞争，一个行业的产品创新率会很高。当前对新加密货币的狂热就是一个最好的实例，市场总有新的 ICO 推出，甚至新的产业都被认定是通过某种新的代币来改变的。目前我们看到不同的技术和商业模式被发明、改编或组合，但这些创新没有得到持续改进。在这个初始阶段，工艺流程创新率很低。在投入细节的改进之前，企业正试图找到正确的方向。区块链无疑处于"浮动阶段"，而在随后的"转换阶段"，情况会发生变化。工艺流程创新的速度会超过产品创新的速度，加速主导型设计的出现。产品经过微调，成本会降低，激烈的营销战会一如既往如火如荼。最后，市场进入"特定阶段"，即产品和工艺流程创新率会趋于同一水平。

创新动态过程模型非常有用，它可以帮助我们确定哪个参与者在哪个阶段更具优势，因为每个步骤都需要特定的能力范围。在"浮动阶段"，在设计和开发新产品创新方面具有强大能力的公司比缺乏这种战略资源的公司更有竞争力。这时，金融科技公司比银行业巨头更灵活。翻开报纸的并购页面，不难看出它们的需求量有多大。这些公司是推动产品创新和萌芽阶段发展的动力。另一方面，银行则忙于搞清楚哪些应用类别最终会成功以及如何克服自身的惰性，而我们只能希望它们在"转换阶段"发挥其优势。一旦确定了正确的产品设计，银行庞大的资源将引发工艺流程创新雪崩式的发展。

这一创新动态过程模型描述了产品在市场上的扩散过程，因此它与描述商业收益进化的技术生命周期（TLC）模型（Levitt, 1965）的初始阶段密不可分。根据 TLC 模型，一项新技术随着时间的推移，市场容量会不断增加，从而会贯穿市场形成、成长、成熟和衰退的不同阶段。在一个图表中，理想状态下，用新技术替代现有技术看起来像是一条 S 曲线，因为它有一个缓慢的开始、一个急剧的上升、一个成熟阶段的停滞和一个伴随新技术增长而稳定的下降。此外，在成熟阶段，根据沃尔夫（Wolf，1912）提出的收益递减定律，意味着对现有技术进行投资的意义会变得越来越小。

> 金融科技公司是推动产品创新和萌芽阶段形成的动力。

TLC 模型的市场形成阶段与"浮动阶段"相对应，成长阶段与"转换阶段"相对应。因此，如果一个创新者缺乏扩展其技术的能力，那么其最终盈利能力将不及那些能够主宰"转换阶段"的竞争者。因此，与现有企业相比，区块链初创企业在寻找银行合作伙伴或开拓独特的市场地位时面临的压力会更大。这听起来很有道理，也解释了这些初创企业的狂热及其"要么全有，要么全无"的做法。如果一家初创企业在经历了"浮动阶段"后仍停留在平庸状态，那它就永远都不会做大。这也回答了我们最初的问题，即"银行目前的行动够吗？"。答案是肯定的，银行做的已经足够了。答案之所以是这样，是因为银行不需要大量的设计，它们只需要挑选出赢家，然后迅速改进和扩大规模。联盟、创业基金和技术孵化器正是处于"浮动阶段"的我们所期待看到的方法。然而,有一些公司可以将这些与数据采集巨头两个群体的优势结合起来,我们将在第 4 章继续讨论这些问题。

第4章

数据巨头悄然而至

神话：金融科技公司是银行的主要挑战者。

那些让银行瑟瑟发抖的金融科技公司是谁？

老话说，一个行业的传统机构规模越大，留给后来者的机会就越小。几个世纪以来，银行业就证明了这句老话的智慧。然而，在过去10年里，情况一直在变化。所谓的金融科技公司（试图改善或彻底改革当前金融服务价值链的IT初创企业），渴望从丰厚利润蛋糕中分得一杯羹。所以对银行来说，最危险的是那些致力于区块链技术的金融科技公司。在撰写本文时，美国总共有1 032家这样的公司（Statista，2018）。

目前，金融科技初创企业正在大力融资，增资速度前所未有。毕马威（KPMG）估计，2015年对金融科技公司的投资创下历史新高，金额为467亿美元，这一时期涌入的资金成就了一大群独角兽（估值在10亿美元以上的初创企业）。到2014年年中，已有17家金融科技公司成为独角兽，而仅仅在12个月后，这一数字就攀升至83家（Skinner，2016）。对金融科技公司的投资，引发了压倒性的乐观情绪。然而，经过多年炒作，资金流开始出现下降趋势。事实证明，金融科技公司能够利用的金融资源并不是无限的，投资增长出现停滞，甚至出现了急剧下降。2016年，业界对于金融科技公司的投资仅为247亿美元，较上一年降低47%。然而，这并不意味着我们应该摒弃金融科技这个概念，因为金融科技公司是一个多元化的群体，2016年的负面趋势对区块链初创企业并没有造成负面影响。知名银行评论员克里斯·斯金纳（Chris Skinner，2016）曾就金融科技公司提出一种很有用的分类方法，广义来说，金融科技公司有3种类型：第一种是在传统金融体系基础上构建解决方案并试图简化用户体验的"包装器"（wrapper），如贝宝；第二种是希望消除第三方的"替代者"（replacer），如Lendo等移动支付公司；第三种是"改革者"（reformer），改革者让当今的金融巨头最为头疼，因为它们正在利用关键技术，特别是利用移动端和区块链技术。斯金纳认为移动端技术非常具有变革性，对这一观点我并不认同，因为"包装器"类型的金融科技公司也使用了这项技术，例如，贝宝在手机上的表现和在桌面上一样好。发展区块链支付的金融科技公司是典型的改革者，因为它们的目标是绕开或根本改变当前的银行体系。区块链公司与一般金融科技公司不同，向其注入的资本没有减少的迹象，注资速度逆势而上，从2015年的4.41亿美元增至2016年的5.436亿美元（KPMG，2017）。然而，这些区块链公司也并不完全相同，它们中间有些正在编写新的基础协议，如比特币或以太坊；有些正在开发增值服务或开发运行这些协议的应用程序，如万事达币（Mastercoin）；有些可能正在编写钱包程序，钱包是帮助用户管理其加密价值的特殊应用程序，它们在复杂性、盈利潜力和对权力的要求上各不相同。平台型开发位居榜首，比特币或以太坊底层是强大的区块链协议，支撑着许多其他技术，这可以类比大量的手机应用程序运行其中的安卓系统或 iOS 系统。就像手机应用一样，区块链应用朝着无所不在的趋势发展。近年来，支付一直是核心业务，但贷款业务正在迅速增长。2014 年，美国银行在信贷市场的收入达到 1 500 亿美元，高盛（2015）估计，非银行机构在 5 年内每年可从这一市场攫取超过 110 亿美元的利润。

但是，是什么使这些初创企业如此强大呢？在一个竞争如此激烈的行业，它们为什么能够抢占如此大的市场份额？在管理层看来，答案在于其核心能力，即其他市场参与者无法效仿的独特资源或资产。首先最重要的是，金融科技公司拥有银行、处理商和信用卡公司所缺乏的技术创新能力。大多数区块链初创企业都是为了构建区块链平台或应用程序而创建的，创始团队由高度专业化的开发人员组成，其开发的应用程序的发展不必受制于现有的基础设施。这些公司在技术生命周期的萌芽阶段积累的创新文化渗透到其企业文化中，一旦发现了新的创新线索，它们可以立即行动。如果某条路线呈现希望，它们也可以与其他创新者联手；如果一个项目到了死胡同，它们可以在不花太大代价的前提下改变自己的策略。大多初创且规模较小的金融科技公司具有敏捷性和灵活性，能够轻松地跟随市场方向。没有比信贷决策的例子更能清晰地展示这一点了。当银行可能需要几周时间来做出信贷决策的时候，P2P 贷款公司却只需几秒钟就可以完成。金融科技公司从一个全新的开始，将全部精力投入新产品上。另一方面，银行必须将 70% 以上的 IT 支出投入维持现有系统的运行上，而只剩下 500 亿美元的资金用于创新。此外，花旗 GPS 报告（2016）显示，维护费用与新开发费用之间的比率正在恶化，这对银行来说是一个令人不安的发展趋势。

虽然具有这些竞争优势，但在某些领域，金融科技公司还是无法与银行抗衡。这些公司的客户亲密度较低，也没有客户完整的信用记录，也不了解数百万客户的储蓄和消费习惯，还缺乏可扩展的技术基础设施，仅维萨网络就比世界上所有比特币交易活动大60倍以上（Coinometrics，2016）。最重要的是，金融科技公司无法与银行传统上最擅长的两个方面进行竞争：强大的品牌和金融资源。即使在上述投资增长的情况下，流入整个金融科技行业的资金总额也仅仅为5亿美元左右，这一数额与任何一家银行的金融实力相比，都显得相形见绌。因此，我们很难相信金融科技公司会很快承担起整个支付行业的责任，更不用说整个银行业或金融业了。

撇开所有这些担忧不谈，评论者很快就会指出我们在第3章中所看到的，类似诺基亚或柯达的巨头的衰落。权威们淡化比特币的技术限制而煽动比特币的狂热，他们声称，就像电话和摄影一样，比特币的细节问题一旦被解决，它将颠覆银行业。正如我们在前几章中所看到的，这种狂热不仅仅局限于互联网上的帖子，业界严肃的期刊也加入了这场辩论，学术界系统地记录了破坏性技术如何拖垮行业领袖。例如，惯性假说提供了一个科学的解释，解释了为什么传统机构在拥有大量资源的情况下仍然失败。"颠覆性创新"概念之父克莱顿·克里斯坦森仍然是哈佛商学院为数不多的、常常被《经济学人》（*The Economist*，2017）提到的著名教授，他最著名的作品可以追溯到1997年。区块链拥护者引用这些观点的目的是为他们对银行和其他传统机构的悲观预测注入权威性。

然而，从数据来看，商业巨头的崩溃在很大程度上是由于惯性等异常因素，而不是一种规律。现在有越来越多的研究驳斥了新进

> 金融科技公司无法与银行传统上擅长的两大方面进行竞争，即其强大的品牌和金融资源。

入者推动创新的说法。钱迪（Chandy）和特利斯（Tellis）（2000）研究了150多年来的激进式产品创新，他们发现，自第二次世界大战以来，改变游戏规则的创新有3/4来自目前的传统机构。其他学者（Klepper和Simons，2000）也指出，美国所有电视机制造商都有无线电制造业背景。梅思（Methe）等人（1997）研究了电信和医疗设备制造商的情况，结果表明传统机构引入了大多数重大创新。抢先一步倾听客户的需求已经被多次证明是保持领先的最佳方法，不管这种变革是不是自我革命。公平地说，即使是像克里斯坦森和鲍尔（Christensen and Bower，1996）这样的关于"颠覆性创新"概念的支持者也驳斥了以下说法，即当下的传统企业总是成为破坏能力型创新的牺牲品，但他们研究结果的复杂性并不是一条推特或200字的评论文章所能表达完整的。有时候，大众的争论似乎不仅忽略了这些开创性的书籍和论文的细节，而且忽略了支撑这些文字背后的专业精神。从专家的角度来看，这是可以理解的，柯达的垮台带来的冲击波比一个市场领导者进行一系列渐进式创新带来的冲击波还要大。但是，这种过于简单化的概念是如何生根的呢？这些谣言是怎么不断发展的呢？

2008年的金融危机,在美国公众中引发了巨大的反银行情绪。无论翻开报纸或者打开电视频道,你都无法摆脱这样一种观念,正是银行家的贪婪导致全球各地的失业和萧条,使人们流离失所。这种被压抑的愤怒在今天依然存在,并可能在日常生活中再次燃起,比如当消费者看到数字货币的价值从一个账户转移到另一个账户所发生的交易费用时。当然,他们对背后复杂的技术和基础设施的管理并不了解。人们也对支付这些费用不敏感,因为交易费和折扣率是由零售商而不是由消费者承担的。大多数人甚至从来没有听说过诸如交易处理或结算之类的条款,他们也不明白当今时代为什么可以即时收到电子邮件,而资金从一个账户转到另一个账户却要花这么长时间。这些金融科技公司以初创企业开始,打着区块链的旗号,并承诺即时和免费转账,它们马上获得与谷歌、脸书(Facebook)或优步(Uber)不相上下的名声。它们的对外公关重复着和硅谷类似的调子,即通过新技术和人类的聪明才智为世界带来繁荣和公正,媒体和大众都被迷晕了。民众的欢呼是因为斗争的结果看起来似曾相识且不可避免。但是,这种想法忽略了一个关键点,金

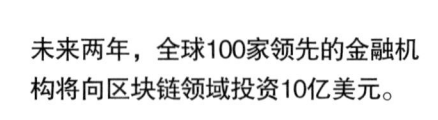

未来两年,全球100家领先的金融机构将向区块链领域投资10亿美元。

融科技公司是由传统机构的资本来推动的。在接下来的两年，全球领先的100家金融机构向区块链投资了10亿美元（Heires，2016）。业内专家还认为，银行在金融技术革命方面的努力至少与金融科技公司一样严肃和有希望，这在欧洲尤其明显，当今的金融领袖和挑战者一样领导着银行业革命，美国的金融技术领先者正以极快的速度涌现，但银行业也紧追不舍。而在日本等国家，金融科技公司成为创新的重要驱动力（Citi GPS，2016）。

数据巨头——真正的挑战者反而没有被关注

商业领域，大多数巨头都是被其他巨头干掉的。关于区块链的讨论中，这个难以忽视的真相却常常被遗忘。管理理论区分了全新的市场进入者和谋求业务多元化的进入者。前者是全新的，以区块链领域为例，那些金融科技公司就是全新的市场进入者。而后者，谋求业务多元化的进入者往往是在其他领域取得成功并努力扩大其影响范围的公司，这一群体往往很容易被忽视。但在大多数技术变革中，抢占市场的往往是这些谋求业务多元化的进入者，因为它们熟知那些突然出现的新产品与新服务。与初创企业不同，它们还有大量资源可供利用。当相机制造商宝丽来（Polaroid）倒闭时，接手宝丽来的并不是新的进入者，而是佳能（Canon）和尼康（Nikon）等公司，它们将光电产品的经验派上用场。业务多元化进入者的力量不仅为人津津乐道，而且像迈克尔·波特（1979）这样的精英管理战略圈的专家也将其视为传统机构的最大威胁。这里一个棘手的问题是，如何及早发现业务多元化进入者。要做到这一点，企业需要确定在创新市场冲击下，哪些能力可能会成为核心竞争力。

像区块链这样能够挑战世界上最大产业之一的技术，不能仅仅依靠程序员和算法来生存。分布式账本和应用程序只是支持支付和交易的计算基础设施的一部分。存储、归档、通信和文件管理都是基础，没有这些，区块链就无法运转，而所有这些都占用了巨大的硬盘空间。区块链也有生命的终结，当某一区块链停止运行后，以上记录仍然需要能被访问，每一笔账目依旧需要被存档。在以前的区块链上签订的合约需要保持其有效性，不能因为技术更新或签订合约的平台提供商破产而导致合约无效。综上，这是云计算巨头的时刻，其中最知名的服务提供商包括亚马逊、微软、IBM 和谷歌。

我们不能低估这些巨头，也不能把它们仅仅称为原始服务器资源的提供商。在认识到区块链巨大的收益潜力后，云行业领导者选择了差异化战略，也就是 BaaS 模式，我们曾在第 3 章中谈到 BaaS。这些云计算提供商不是在价格上相互竞争，而是都在开发 BaaS 产品，BaaS 产品为用户提供服务器基础设施和必要的软件环境，这样可以消除客户建立和配置自己的区块链生态系统的复杂性。这一消息对传统机构并不利，因为它们在金融服务领域失去了竞争优势之一，因为小公司或小银行可以在没有资本投资的情况下租用区块链基础设施。这样做不需要软件开发人员，不需要考虑与现有系统的融合的难题，也不必面临停电导致停机的风险。云计算巨头不仅为自己抢占了市场份额，还为较小的银行和公司提供了公平的竞争环境。竞争的加剧压低了整个价值链的利润，而 BaaS 的功能绝不亚于内部解决方案。IBM 有一个基于超级账本的区块链系统，其中包括智能合约功能，亚马逊和微软也都在效仿，IBM 甚至也是 R3

联盟的成员。适应性也不是问题,因为云中的安全环境允许用户开发自己的解决方案。云计算提供商也将拥有巨大的影响力,因为它们非常集中,亚马逊、微软、IBM 和谷歌占据全球云计算市场 56% 的份额(Synergy Research Group,2016)。尽管如此,那些单纯的云公司永远无法切入银行的核心业务,因为它们离最终的客户太远了,正如 IBM 并不像苹果受到用户狂热崇拜那样。真正带来威胁的业务多元化进入者将来自其他地方,即那些在全球占主导地位的数据采集商,即搜索引擎、社交网络、电子商务巨头,而这些参与者在关于区块链的讨论中常常被忽视。这并不奇怪,因为苹果或脸书等互联网公司还没有试图在区块链银行业领域展开竞争。[①] 这些数据巨头对新技术的发展一言不发,表面看来,它们似乎根本没有朝这个方向努力,但这一局面终会改变。2017 年,苹果公司申请了区块链专利以验证时间戳(De,2017)。在 CGI 集团 2017 年的一项调查中,银行客户将对支付业务的破坏性影响归咎于苹果、谷歌和亚

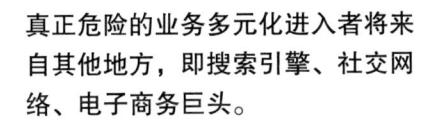

> **真正危险的业务多元化进入者将来自其他地方,即搜索引擎、社交网络、电子商务巨头。**

---

① 2019 年 6 月,这一局面已经改变,脸书拟推出天秤币(Libra)而震惊业界。——译者注

马逊（各占40%以上），这一结论并非偶然。在该调查结论中，唯一上榜的区块链公司是瑞波（15%），由于瑞波与银行业的紧密联系，它在区块链初创企业中的代表性常常受到争议，而其他所有区块链公司所占份额仅为9%。

苹果支付、安卓支付、三星支付和微软钱包都暗示，这些数据采集商正在向区块链支付领域迈进，并将自己重点定位在前端。谷歌采用一个名为谷歌钱包余额（Google Wallet Balance）的软件向前更迈进了一步，这一软件是Gmail的一个功能，它允许客户像存取文档一样将自己的资金附加到电子邮件上。就连大型零售商也在为消费者钱包的界面而展开竞争，沃尔玛（Walmart）也推出了其专有的移动支付系统"沃尔玛支付"（Walmart，2015）。亚马逊是另一家靠数据为生、争夺前端市场的公司。使用亚马逊的界面和依存在界面上的支付功能，消费者可以在其他网上商店购物，而不必额外创建账户或提供支付细节。然而，亚马逊和谷歌一样也是云巨头的典型代表，也在努力成为全球支付市场的主要竞争者。这两个具有混合动力的巨头结合了各自集团前所未有的资源，也由此成为两个超级竞争者。你如果不相信我，可以看看东亚市场，你就会明白

亚马逊是全球支付市场的主要竞争者之一。

其中的道理。自 2018 年以来，中国的百度以 Baidu Trust 的名义推出了内部开发的 BaaS，目前正用于保险、账单和信贷管理等领域。另一家中国互联网巨头腾讯在 2017 年也宣布了自己的区块链套件开发软件（Sundarajan，2018）。

必须强调的是，尽管西方数据巨头将自己的支付提供商选定为大型软件公司，但这些数据巨头的支付界面不一定是基于区块链技术。随着区块链的出现，它们有可能提供具有竞争力的金融服务，并迅速提高规模，同时规避当前银行体系的监管。数据采集商是典型的数字思维公司，它们是新商业模式的实施者，拥有必要的技术基础设施来支持其努力。另一方面，这些公司的相关的区块链技术能力却让人怀疑。尽管，这些软件公司的队伍中充斥着程序员和软件工程师，甚至是密码专家，他们进军支付领域将有助于在其内部建立特定的专业知识。然而，实际上它们还没有向公众公开任何区块链项目，这确实会让人质疑，这些巨头究竟笼络了多少优秀的区块链开发人员在为其开发代码。

如今，客户亲密度可能是最受追捧的新竞争优势的来源。像谷歌这样的公司知道我们在搜索什么、我们在电子邮件中写了什么内容、我们与谁互动，以及我们经常去的地方。社交网络会分析我们认识的人、我们对这些平台的了解程度，以及哪些帖子最有可能吸引我们的注意力。领英为我们的职场生活添加了一份完美的记录，并从另一个层面发展数据堆。在线经销商可以计算出我们可能购买的产品，以及我们在支付过程中的价值。我们的点击行为告诉这些服务提供商我们的阅读习惯、对哪些广告会做出反应，以及什么因素会影响我们花钱的意愿。随着生物识别技术在手机上的大规模普及，软件公司甚至可以将指纹、心率或虹膜扫描与一个人的数字档案相关联。这只是从大多数人每天使用的应用程序中收集的标准信息。在人类生活的任何方面，几乎都有一个应用程序随时准备捕获其中的数据。根据 2017 年 3 月的统计，苹果应用商店有 220 万个应用。而谷歌 Play 则达到了 280 万个（Statista，2017）。这些公司知道如何将这些数据转换成收益。区块链技术将交易成本降至最低，金融服务可以以免费形式提供。这种模式落入数据巨头手中，它们的商业模式已经适应于从免费服务中赚钱。精准个性化广告已经成为其日常业务的一部分，我们将在第 6 章中更详细地研究这种商业模式。

拥有全球知名和值得信赖的品牌是科技巨头的另一项重要资产。谷歌、苹果和亚马逊多年来一直处于全球品牌排行榜的前三，而这三大品牌与其他所有品牌的差距是惊人的，2017 年，它们的品牌价值分别为 1 090 亿、1 080 亿和 1 060 亿美元，而美国电话电报公司（AT&T）仅以 870 亿美元位居第四，脸书排名第九，中国工商银行紧随其后，是唯一进入前十名的银行（Brand Finance，2017）。虽然全球银行集团在前 100 强中表现强劲，但这些数据巨头的集中度更高，区域性也更广。

由于数据巨头拥有巨大的资源，它们可以使用两种常用策略：要么将品牌作为差异化战略的关键，要么扮演成降低成本领先者的角色。从免费服务中赚钱的经验加上低管理费用，使之成为迅速占领市场份额的行之有效的方法。目前，这两种策略已经被合并在一起。不过苹果更倾向于付费服务，它用硬件解决了高端市场服务问题。与此同时，谷歌和苹果正利用自己的品牌和客户亲密度从银行处吸引客户。然而，正如我们会从现在开始往后看到的那样，苹果支付的例子已经向我们表明，它成功进入支付领域实属不易，更不用说主导银行业了。

支付是竞争的前线以及为什么移动钱包会改变游戏规则

　　移动支付、数字钱包和苹果支付——谁会想到摆脱一小块塑料卡片带来的兴奋会引起如此轰动呢？关于非接触式智能手机支付的讨论在2016年达到了高潮。有新闻报道称，我们很快就能把所有银行业务统统放入一个应用程序中。对于这种应用的好奇心不仅仅表现在贸易期刊和支付会议上，在一项基于350万次社交媒体对话的研究中，万事达卡记录到，数字钱包是迄今为止谈论最多的关于支付的话题，占据与支付相关的讨论的75%，这一结果令人吃惊（PYMNTS，2017）。关于支付的话题易于理解，因此也助长了炒作。几乎每一个社交媒体用户都拥有一部智能手机，这个过程非常易于理解，正如使用非接触式卡一样，你只需轻触手机即可使用终端。消费者熟悉这种机制，他们也确实是对用户界面最感兴趣。而关于其工作方式或哪种方法最安全的讨论，几乎没有什么人关注。

　　那么，所有这些移动投资都有多成功呢？让我们回到苹果支付的情形。早在2014年，也就是苹果支付这款新产品本应风靡市场的那一年，合作银行为了搭上这趟车，每笔交易向苹果支付15个基点（即0.15%）。尽管是苹果抢占了所有的宣传，也抢占了前端市场，但这些合作银行仍在排队与苹果合作。所有主要的信用卡公司和大银行都参与其中，其中包括美国银行、第一资本银行（Capital OneBank）、大通银行、花旗集团和富国银行，但苹果却独占新闻头版（Nykiel，2014）。零售商很愿意承担升级终端的成本，并在创纪录的时间内，利用苹果的势头建立庞大的收款网络。然而，尽管这听起来很疯狂，尽管该公司坐拥克罗伊斯①式的大量现金，尽管它拥有狂热的品牌吸引力，但客户还是没有接受苹果支付这款产品（Webster，2017）。苹果最终并没有公布任何统计数据，但调查显示，苹果支付的使用率很低。2017年12月，只有3%的用户使用苹果支付进行交易，而这项调查只调研了拥有智能手机的成年人和那些接受苹果支付的零售店。因此，如果将这一数字与整个人口以及所有零售店的访问量进行对比，那么实际比例将比3%更小。因此，引领整个美国移动支付浪潮的苹果支付并没有达到预期。三星支付和安卓支付的命运也没有什么不同，它们同期的占有率分别为1.4%和1.2%。有趣的是，沃尔玛支付以5.6%的占有率超过苹果支付（PYMNTS/INFOSCOUT，2018a）。当然，也有一些移动支付的支持者指出，这些支付应用的增长率其实是达到了两位数，但他们计算这个数字的时候肯定使用了极低的初始基数。要真正理解这个比例，我们不妨看看中国市场，其人口大约是美国的4倍，但其移动支付交易数量是美国的50倍（中国经济网，2017）。

因此，与西方人基本不了解的中国同行有所不同，苹果支付、安卓支付、三星支付和微软钱包迄今都未能做到与信用卡平起平坐。阿里巴巴是中国版亚马逊，它研发的支付宝拥有4亿用户，是全球最大的移动和在线支付平台（Heggestuen，2014）。在支付领域，亚洲人不是在模仿，而是在引领潮流。中国的微信平台是引入个人移动支付的先锋，脸书正试图复制其模式，而不是微信模仿脸

---

① 克罗伊斯是公元前7世纪至前6世纪土耳其西部吕底亚王国的国王，克罗伊斯本人也被称为世界上最富有的人。——译者注

书。在支付方面，西方显然出了什么问题。

那么是什么阻止这些支付工具起飞呢？根本原因不太可能是客户担心移动支付的安全性。在美国，30%的人认为移动钱包是绝对安全的，64%的人认为具有一定的安全性，而只有6%的人不太确认（ACI Worldwide 和 Aite Group, 2017）。这些数字表明，大多数人对移动支付持一定的怀疑态度（而且这种怀疑正在上升），但考虑到已经有1/3的美国人认为移动钱包是绝对安全的，这样的移动支付使用普及率着实令人失望。通过研究移动支付的替代品，可以更好地解释西方和中国之间的差距。2017年12月，当被问及为何不下载苹果支付时，有48.9%的苹果用户回应称，他们对目前的支付系统感到满意。在那些手机上装有电子钱包但不使用的人中，有17.7%的人表明他们不用移动支付的主要原因是他们根本就忘记了使用电子钱包（PYMNTS/INFOSCOUT, 2018b），显然使用移动支付并没有带来什么额外的好处。也许移动支付只有在其他替代方案失效的情况下才能发挥作用。消费者兜里的卡片通常更为可靠，它不会消耗电池，也不会死机，不会在接触支付终端那一刻突然失灵，也不需要移动数据连接，大多数人除了持卡外还携带一些现金，就如同每一项复杂的技术一样，其使用终端可能会出现故障，或者互联网连接可能会中断。在西方，移动支付可以让你把钱包放在家里的想法被人们认为是白日梦。

当然，也有一些数字时代的居民选择忽视这些缺点，仍然使用苹果支付，但苹果公司也不应高兴得太早，这并不意味着这项技术的起飞只是比预期需要更久时间，这个论点不成立是有原因的。平台战略和双边市场（即产生一个受众并将其关注力或数据出售给另一个受众）都极具风险性，如果想获客的公司未能抓住关键群体，后果可能是致命的。苹果支付就是这种"平台点火失败"的最好例子。苹果在与商业伙伴建立网络方面做得非常好，但未能激起大众的兴趣，这再次对市场的另一面产生了不利影响。如今，如果苹果想接触到银行持卡人，银行可以向苹果收取费用，而不是选择把苹果植入为银行服务的一部分（Webster, 2017）。因此，要么苹果的利润率会缩水，要么用户费用会激增。无论如何，通往长期商业生存的道路正在变窄。然而，数据巨头仍在继续向支付工具，尤其是移动支付领域注入资金。它们仅仅是在等待竞争对手屈服，然后巩固市场吗？这看起来不太可能。正如我们所看到的，苹果支付陷入困境并不是缺乏规模，而是缺乏用户接受度。那么，IT巨头为什么会如此大力推动手机支付技术呢？

要理解移动支付的魅力，我们需要退后一步看看谷歌和苹果的长期目标。它们在创纪录的时间里，超越了零售业、电信业、媒体业和计算机业等巨型产业。再加上音乐、出版和人工智能，越说下去，其战绩就会更令人印象深刻。但金融业是所有行业的圣杯，它让世界运转起来，所以对硅谷来说，金融业是一个完美的挑战目标。但是金融业是一个庞大的系统，那么从哪里开始呢？零售银行是显而易见的选择，该行业拥有品牌吸引力和海量的客户数据，比企业或投资银行更容易对付，但零售银行业务也很庞大。从广义上讲，它帮助客户安全地借钱、存钱和转移价值，但只有这其中一个可以成为数据处理程序的入口。假设我们从客户借款（贷款）开始，创新对于附属服务行业（提供信用评级、查验的机构）和银行的影响一样大。但是，在没有金融巨头的情况下，能否为规模足够大的贷款提供担保是值得怀疑的，而IT公司还没有尝试这样做。在筹集资金时，需要计算风险成本并且在资本市场进行交易，这些流程是一场完全不同的游戏。

提供安全的价值存储是否是更好的切入点？事实上不可行。银行要遵守严格的监管制度，并拥有许可证，这样做是为了保证它们能够提供安全和持续的资金存储服务。将资金存入一个没有银行和政府支持的机构之前，人们自然会犹豫，这是因为如果发现黑客攻击或者相关企业破产，都会让客户失去毕生积蓄。在我撰写本书时，我曾做了一个测试，我在代币交易所开了一个账户，设立了一个钱包，在里面存了一些相当于午饭钱价值的欧元，然后把它们换成了加密货币。然而，当真正的资金变成一个字母数字序列时，我顿时感到一股寒意。当客户的犹豫不决成为主要障碍时，数据巨头并不想以存储资金作为服务目标，而是选择专注于支付，你还会觉着这有什么奇怪吗？

转移价值远不如实际处理资金并提供储蓄服务那么有利可图。然而，只要金融科技公司仅仅作为支付设施的提供者，而不实际处理资金本身，它们就不需要银行牌照，这与爱彼迎和优步在酒店住房和乘车方面采取的做法相同。然而，尽管既没有雇佣出租车司机，也没有拥有酒店，优步和爱彼迎仍在为自己的责任进行法律斗争。对于金融科技公司和科技巨头来说，一个好消息是随着支付的发展，在20世纪很长一段时期，它们得以以上述方式参与支付。支付处理商不必为苛刻的监管规则而抓狂，因为这些通常留给了银行牌照持有者。

麦肯锡2017年的一项分析显示，支付价值链上最大的利润点位于终端，也就是最终客户界面。这是为什么？因为这需要对品牌推广和提升客户亲密度进行大量投资。信任不易获得，当然，与客户互动的风险也是最大的。一个集中的B2B买家群体可能会挤压你的利润，但这是可以预测的。而终端客户及其动态则不那么容易掌握。数据巨头占领这些终端也是正确的，但为什么偏偏是通过手机钱包的形式呢？为什么不简单地在现有接口中引入支付功能呢？将货币与脸书的会话线程相连，这样还不够吗？要成长为真正的巨头（而这恰恰是硅谷的梦想），数据采集商需要征服销售关键点。通过电子邮件或社交网络汇款是一个不错的功能，但这是一个小众市场。比较一下你给朋友或家人汇款的频率和你用信用卡支付日常消费的频率，你就会明白这一点。移动支付是利用IT巨头无与伦比的数据库的完美工具。移动钱包的热潮之所以没有在早些时候爆发，唯一的原因是终端基础设施仍然是接触式的。随着非接触式技术的出现，这种基础设施变得无关紧要。你自然不能把手机功能挤进一个卡终端，但多亏了近场通信（NFC）技术的出现，你根本不必这么做。它只需要一块芯片和一根天线，可以是黏在一块塑料上，也可以是附着在手机上或整合到贴纸上。奥地利第一储蓄银行（Orstein Erste Bank）正是这样做的。

而现在又出现了新的技术区块链，这是一个进入支付领域的交易引擎。利用这项技术，苹果和其他公司不需要在银行的虚拟信用卡上建立钱包，而是可以自己提供后端，从而获取更多的价值，并全面超越银行。支付业务一下子变成了一种竞赛。

为了生存，银行应该避免音乐行业的错误——也要避免自己的错误

让我们再次转换视角。作为牌照持有者，银行可能并没有感受

到威胁，这些面临竞争威胁的转账业务只是支付价值链中一个很小的部分。在美国，它的价值为27亿美元，而整个价值链价值2 490亿美元（McKinsey，2017）。不管是否采用区块链技术，整体收入水平将保持不变。随着区块链技术的发展，信用卡公司和汇款服务将受到影响，银行业务却不会。

在垄断和缓慢技术变革的时代成长起来的许多资深银行家都有这种想法，20年前，银行牌照可能是一个不可逾越的进入壁垒，但世界已经发生了变化。硅谷的信心满满让人振奋，无论规模大小，潜在的竞争对手都不会被监管吓退。优步并没有等待法律明确，而是向前迈进，在立法者甚至还没有来得及考虑起草一份白皮书之前，就把生米煮成熟饭。如今，城市可以禁止优步，但既然大家已经习惯了物美价廉的服务，谁又想这样做去激怒选民呢？问问伦敦金融城就知道了，在其决定不续签优步在伦敦的运营许可证后，数百万客户和数万名员工群起而攻之。这一决定后来被推翻，优步获得了短期运营许可，部分原因就是公众的强烈反对。

银行牌照并不是唯一的障碍，美国公司受到监管部门的打压，尤其在欧洲，欧盟委员会和地方政府对美国公司的打压尤为严重。谷歌、亚马逊、脸书和苹果这四大巨头一下子成了那些急于出名的政客的最佳目标。与银行不同的是，这些巨头的雇员人数并不像银行那样高达几十万人，而且其结构也经常具有税收优化模式。即使在全球化时代，当地企业的监管优势依然存在。因此，受地方体制的青睐会是银行最有力的盾牌。事实上，保持进入门槛不变被许多管理者认为这是对只专注于一项任务的鼓励。但是纳普斯特的搅局案例说明了这种信念有很多缺陷。纳普斯特是一个P2P音乐共享平台，但在其平台传输了大量非法文件，其运营模式违背了各种版权规定和相关税法，其违法事实非常清楚。在 2001 年，该公司宣告破产。然而，为这一判决而欢呼的并不仅仅是原告，纳普斯特难以想象的低价扰乱了业界，它最终翻车，谁会窃笑呢？真正的受益者是苹果公司和音乐服务平台声田等。在免费文件共享震动了音乐界之后，唱片公司和音乐家对苹果的这种做法居然十分感激，因为苹果公司的 iTunes 采用单曲下载的模式，并将所得盈利的很小一部分分给唱片公司和音乐家。

纳普斯特与比特币的相似之处令人震惊，两者都采用 P2P 模式，而且都会抢夺现有的市场业务，也会压低行业价格。我们不要忘记加密货币规避政府和银行的初衷。纳普斯特最终失败了，但它催生了一类新的合法公司，如声田，在一个被完全改变的环境中的蓬勃发展。比特币或许可以庇护不正当的商业活动，但这并不意味着它的底层技术不能以适当及合法的方式来运行。银行业务确实需要经营许可证，但这并不意味着外来者无法进入，一旦区块链先驱者扫清道路，外来者就可以征服广阔的市场。

那么，银行可以从音乐行业应对数字挑战者、抵御冲击的过程中学到什么呢？首先最重要的一点，音乐行业也是一个很好的"不反应"的示例，如在法庭上与竞争者进行对抗。不仅如此，在我看来，银行也不应该试图在市场上与对手对抗，至少不应该选择压价的模式，对抗既费时又费力，也会消耗巨额资金。应对的方法最好是与挑战者联合起来，这样双方可以互补，而不是直接恶性竞争。如前所述，技术生命周期初始阶段有利于产品开发能力强的小型灵活公司，这些公司能够抢占很大一部分市场，然后，技术生命周期最终会发展到有利于传统机构及其所拥有的规模优势的阶段。此外，另一个原因是，2008年金融危机的影响仍在显现，对失败的恐惧令银行小心翼翼，这大大阻碍了它们投资创新，而与金融科技公司合作是最佳的可行途径。设想一下，如果在当时，环球音乐（Universal Music）与纳普斯特联手，它或许仍会位居行业估值榜首。建立联盟的好处是多方面的，合作伙伴关系的两方在技术生命周期中都会释放出最被需要的核心能力。这两个群体都拥有大规模推出区块链技术所需的特定资产，金融科技公司可以实施这项技术，而大银行则可以利用自身值得信赖的品牌。大多数客户希望自己的银行成为新技术的合作伙伴（即成为前端的参与者），因此年轻的数字公司很难达到规模，尤其是在涉及大笔资金的情况下。在B2B领域，这种需求更加明显。客户不愿意接受因放弃银行而带来的交易对手风险，他们会希望一家成熟的银行机构参与交易（Deutsche Bank，2016）。

传统机构与初创企业的合作并不是什么新鲜事。例如，在制药行业，制药巨头与生物技术初创企业的战略联盟是相当普遍的（Rothaermel，2001）。尽管过去银行业对这种合作持怀疑态度，但情况正在发生变化。澳大利亚联邦银行已与瑞波结成联盟，以便在其子公司之间实现基于许可型区块链的交易。业界也有很多机构选择将其解决方案建立在瑞波的基础上。巴克莱和瑞银等其他银行已经设立了技术孵化器计划，期待获得区块链初创企业的成果（Wild、Arnold和Stafford，2015）。金融科技公司也在寻找战略联盟。这是一个相当令人难以置信的事实，即超过3/4的金融科技公司认为，与传统金融机构合作会成为它们最终的业务目标（Capgemini、LinkedIn和Efma，2018）。

银行与金融科技公司联盟的好处不应该只从纯粹的技术角度来

看，因为有些联盟可以开辟不同的客户群，一个名为融资圈（Funding Circle）的放贷平台为此正与桑坦德银行和苏格兰皇家银行合作。通常，银行不会同意把钱借给那些自己觉得太小或不安全的客户，它们可以做的就是把这些客户安排到这个融资圈，这样做同时也投资了金融科技公司。这样，银行也可以为一些高风险行业服务，而融资圈则充当风险缓释工具，而且客户的风险状况会随着时间的推移而改变。有了这种机制，客户在还没有成为银行客户的前提下，就已经接触到了银行的产品。高盛和法兴银行（Société Générale）与P2P融资平台阿兹特克货币（Aztec Money）就进行了类似的合作（Skinner，2016）。

然而，即使传统金融机构选择合作，仍有许多问题需要回答。银行如何选择与哪家公司进行合作？究竟是倾向于建立中心化区块链还是去中心化区块链模式？如何确定哪一个是最值得信赖的公司？一家银行最不情愿做的事情就是把自己与一家不可靠的初创企业联系起来，从而使自己的声誉受损。从金融科技公司的角度来看，选择错误的合作伙伴可能意味着抑制其增长潜力，也会浪费自身动能。还有一个问题是，双方的伙伴关系将采取何种形式，所有权结构是什么样的？是应该选择与一家大型、高价值公司建立非排他性合作关系，还是在那些你帮助建立的公司中寻找排他性的合作伙伴？是与他人联合打造初创企业品牌，还是继续推进金融科技公司自身的品牌？（Deutsche Bank，2016）到目前为止，这本书的内容可以回答大部分问题。毫无疑问，中心化区块链模式将在银行业盛行，可扩展性、成本和控制能力将大大提高。关于伙伴关系应该采取的形式，时间将给出清晰的答案。鉴于最大的支付网络（如SWIFT、维萨、万事达卡等）的成功——它们都是合作的产物，联合解决方案极有可能再次占据主导地位,排他性和互操作性很难平衡。至少,底层平台必须是相同的,这样银行之间的 API 才能顺畅。业界的整体解决方案可能是瑞波,也可能是类似于瑞波的其他方式,但毫无疑问,共享标准是业界进化的方向。

> 排他性和互操作性很难平衡。

因此,要掌握区块链,就需要与金融科技公司、其他银行,甚至硅谷的巨头进行合作。营销人员很快就意识到了这一点,并已经进入合作伙伴关系(见苹果支付)。然而,银行内部真正的区块链革命只会发生在这股浪潮到达后端之后,才能蔓延到商业模式和战略之中,这意味着在运营方面的合作同样重要。正如我们所看到的,IBM 和亚马逊等云计算巨头正在提供区块链即服务(BaaS)平台,即具有区块链协议的计算基础设施。银行可以从自己过去的经验中吸取教训。银行因过分相信内部的软件开发能力而臭名远扬,要想获得成功,它们必须与这种情绪做抗争,需要将其核心能力以外的一切开发工作都外包出去。如今,银行已经被自身庞大的 IT 团队维护的遗留系统拖累,甚至某些银行的软件开发人员比科技巨头的雇员还多，这种现象并不罕见。摩根大通的编程团队有30 000多名程序员，负责32个数据中心和7 200个应用程序（Dimon，2014）。我们在前文已经看到大部分科技预算都用于修补旧系统的不足。在上述调查中，当金融科技公司被问及合作中的主要挑战时，很多公司都认为银行遗留系统是合作的杀手，几乎1/3的公司认为缺乏IT兼容性是问题的症结之一（Capgemini、LinkedIn和Efma，2018）。

除了内部开发的问题，银行迅速采取行动也是至关重要的一点。随着竞争的加剧，银行，特别是中小银行，根本没有时间自己建设基础设施。它们需要认识到一点，购买外部知识是不丢脸的。即使是科技巨头微软也没有试图构建自己的区块链解决方案，而是与一家物联网公司IOTA达成一项协议，该公司使用的是一种另类的分布式账本，本意是为物联网的发展提供动力。对外包的态度显示出科技行业和银行业的不同之处，我们应该尽量遏制银行业自身无法否定的内部开发冲动。

毫无疑问，银行管理层会对日益激烈的竞争感到担忧，也许你会错误地认为银行不会选择合作。而事实证明，银行会选择合作。但是，为什么这些理性的传统机构会将服务外包给这些虎视眈眈的竞争对手，使它们变得更加强大呢？对这些对手不仅仅提供资金支持，而且还提供数据等这些成长动力？原因很简单，因为其他选择更为糟糕。数据采集功能就在这里，而双方都缺乏更好的选择。虽然大银行在短期内可能有足够的力量来对抗和削弱科技巨头，但对于小银行来说，生存将变得更加困难。因此，要想取得成功，银行必须努力提供更好的服务。如果这意味着与对手合作来降低成本，做到先发制人，那就让它自然发生！这是无法避免的必然。但外包必须嵌入一个更大的策略中,并确保数据采集商无法复制这个策略。为此,银行首先需要了解只有它们自身才能提供的合作元素都有哪些。

第5章

寻找新的竞争优势

神话：在数字世界，银行没有可以与其他参与者竞争的资产。

企业资源的力量

前几章的内容已经表明,尽管通过新市场或服务可以获得额外利润,但区块链同时可以降低核心产品的利润率。因此,对于银行来说,在零售领域竞争是无法避免的,但这并不一定意味着末日将至。波特教授提出的市场结构主导因素并不是囊括一切且一成不变的,而企业如何定位自己将决定能否将无助的悲惨局面转变为机遇。有实证证据表明,在利润方面,同行业内的差距要高于行业之间(Rumelt, 1991)。汉森(Hansen)和沃纳菲尔特(Wernerfelt)(1989)的研究表明,与市场份额或行业相比,人力资源管理和组织氛围对绩效的影响更大。鲍威尔(Powell, 1992a, 1992b)的研究表明,产业效应和竞争定位的影响力不如组织因素。这些结论和其他一些研究结果与波特的竞争战略学派相矛盾。此外,这些实证研究凸显了战略研究领域中另一个范式的重要性——企业层面的效率方法论。这一理论有两个主要方面,即基于资源的视角(Penrose，1959；Prahalad 和 Hamel，1990；Goddard，1997）和基于动态能力的视角（Teece、Pisano 和 Shuen，1997）。感兴趣的读者可以从这些作品开始，进一步了解更多细节。但这里需要强调的是，传统企业可以通过发现和磨炼正确的核心竞争力来提高自身的地位，而不是因为害怕新技术和市场条件而不知所措。

与波特理论不同的是，企业层面的观点并不主张企业应该专注自身5种力量都不是很强的领域，而是建议企业应专注于其独特的资源，并利用这些资源来获得优势。普拉哈拉德（Prahalad）和哈默尔（Hamel）（1990）在一篇开创性的文章中提出，企业应该限制自己的核心竞争力过度扩张，并将那些不处于核心地位的业务都外包出去。当然，核心竞争力与市场需求的契合度应该决定企业的竞争定位，而这种契合是必不可少的。为了抓住创新，这些竞争定位需要不断地修正，这一点对于激进式创新尤为重要。我们需要了解的是，当研究人员谈论技术突破具有颠覆性时，他们并不针对某个产品或某一行业，而是针对某些具颠覆性的能力。以默根索拉排字公司（Mergenthaler Linotype）为例，它是一家排字机制造商，你可以预料，随着打字机向电脑键盘的转变，这类公司一般都会倒闭，但默根索拉却没有，它在很长时间内保持行业领先地位，同时掌握了三大技术变革。为什么这家公司会如此成功？它的主要资产之一是一种专有字体，尽管排版行业因创新而衰落，但字体库却并非如此。默根索拉了解自己哪个独特的优势在将来会被客户需要（Tripsas，1997）。举这个例子想要说明的意思是，银行拥有重要的核心竞争力，这些竞争力将比区块链革命更为持久，它们的某些竞争力在将来也许会更有意义。

没有一家公司能够做到与行业要求完美契合，而好消息是，竞

第 5 章
寻找新的竞争优势

> 银行拥有重要的核心竞争力,这些竞争力将比区块链革命更持久。

争力并不是一成不变的。那坏消息又是什么呢?有一些公司很容易适应变化,但另一些公司则不太容易适应变化,因为它们缺乏"动态能力",即重新建立或改变竞争力的能力(Teece、Pisano 和 Shuen,1997)。因此,变革需要高级管理层的战略远见,也需要整个组织的弹性。

为了与客户达到最佳契合,企业首先要确定客户需要什么、自身拥有哪些能力,最后要确认如何缩小差距。在理想情况下,企业拥有的新能力将难以被模仿,因此这需要培育。有了足够的投资,企业可以很快获取技术知识,但企业文化、价值观和流程是很难获取的。有研究证明,这些能力更为关键。玛塔(Mata)、菲尔斯特(Fuerst)和巴尼(Barney)(1995)发现,企业具备持续竞争优势的主要来源既不是资本或专有技术,也不是技术技能,而是人力资源。

银行一般是企业群体中的庞然大物。几个世纪以来,安全和信任意识一直根植于银行的基因中,即使在一个交易技术已经发展到十分完美的世界,对银行的这种看法依然持续。客户在过去渴望自己的金融资产被安全保护,未来这种渴望也将一如既往。与此同时，区块链正在将银行业务带入 IT 领域。而在 IT 领域，数字业务模式需要不同的强项。然而，数字范式的核心是创新和以客户为中心，这是银行所面临的问题，但这恰恰是科技公司的强项。这些复杂因素说明了安全能力与创新能力之间的矛盾，这一矛盾使竞争环境更趋于公平，并由此使得新的挑战者得以加入。一个组织需要有超常的能力才可以在这两个方面都保持领先。银行通过与金融科技公司进行合作，将这方面的工作做得非常出色。正如我们所看到的，它们通过成立外部的、独立的、充满活力的机构来培养自身急需的能力，有时还通过隔离孵化器来进行。这一点至关重要，因为区块链技术仍处于萌芽阶段，其发展只能通过试错法来实现。然而，即使拥有出色的动态能力，变革的潜力也是有限的。从一种能力转换到另一种能力需要时间和资金。由于企业是依据"对某些能力领域的长期、不可逆转的承诺"进行决策的（Teece、Pisano 和 Shuen，1997：515），因此，每一个决策都会对未来产生一连串长期影响，每个企业的竞争优势都是路径依赖的。企业管理者过去所做的决策定义了他们现在可以选择的选项，这使得在调动资源、引导企业走上特定的道路之前，对于企业自身的核心竞争力进行适当的分析变得更加重要。

银行被低估的核心竞争力

如果说区块链对市场的影响有一点是确定的话，那就是竞争优势的本质将变得更加混乱。理由很简单，因为区块链的竞争优势比以往任何时候可以在更多的维度上实现。旧有能力仍将是有价值的，而新的能力将是更为突出的。关键能力或关键资源这些词经常被滥用，但是"关键"这个词具有一定的主观性。幸运的是，凯奥纳隆（Khiaonarong）和利伯瑙（Liebenau）（2009）的研究结果提出了一系列标准，这些标准可以确定哪些资源可以带来持久的性能优势，这些满足标准的资源应该被称为"关键资源"。严格来讲，关键能力必须包括：

- 具有价值（即提高效率/效益和收入或降低成本）。
- 具有稀缺/稀有性（大多数竞争对手都没有）。
- 难以模仿（如果没有大量的资源投入，竞争对手将无法模仿）。
- 不可替代（即使使用不同资源，都无法实现类似优势）。

基于这个研究结果，我们可以将银行擅长的所有事情缩减到 5 个维度，金融服务提供商可以在此基础上，在当今和未来实现竞争优势。我们还可以确定另外 5 个维度，它们将是区块链时代的决定性资源。表 5.1 显示了这些因素。

仔细观察一下，你就会发现，除了技术诀窍和技术基础设施外，我们很难将这些能力通过外包来实现，这也使它们成为普拉哈拉德和哈默尔（1990）所认为的核心能力。此外，表 5.1 表明一点，尽管金融科技公司很乐观，但竞争优势仍然可以通过在区块链出现之前银行业内类似的资源来实现。尽管它们有时可能会发生冲突，但新旧世界之间并没有系统性的不相容。银行业正在发生变化，但我们离能够瞬时推翻旧体制的革命还差很远。为了能够了解其中的原因，让我们更仔细地看一下银行的资产。

表5.1 基于区块链的银行业务新的竞争力

引入区块链之前的银行	基于区块链的银行
与监管机构的紧密度（银行牌照）	
传统客户群和分支系统	
品牌效应	
卓越运营	
金融资源	
	数据与数据思维
	经验和数字商业模式
	客户亲密度
	技术诀窍
	技术基础设施

银行牌照

银行牌照一直是贯穿本书的一条主线，我们看到了它在保护储蓄业务，使其免受外部竞争的入侵所起的作用，但我们也看到了它的成本、局限及其官僚机制所带来的负担。我们现在看到，西方监管越来越宽松，银行授权的IT巨头也成了一个可行的现实。我们不必再详细讨论，只要指出银行牌照是一条主要防线就足够了。这不是绝对的保障，但对传统机构来说，这是决定性的优势。获取牌照是很烦琐的，为了获取牌照，机构必须满足流动性要求、保证技术安全、报告要及时，同时要确保合规性等，这是一个非常耗时的过程。在美国，联邦存款保险公司（FDIC）的认证程序通常需要3~4年才能完成（King，2014）。

下面的一个案例表明了货币的制度性要求是多么强大。TransferWise 公司为脸书提供支付功能，而在新罕布什尔州，此举违反了关于汇款机构的相关规定，被冠以试图绕过银行监管的罪名。最终，TransferWise 只好与持牌银行来进行合作（Kahn，2016）。

但是，银行牌照不仅仅是一张纸。多年来，它打造了一批具备一种特殊思维方式和一套独特技能的银行家。银行是专门从事风险管理和危机评估的机构，它们拥有支持风险项目的必要资源，也拥有遵守合规指令、满足流程要求的人力资源。就这些能力而言，无论是传统的 IT 巨头还是年轻的金融科技公司，跟银行相比都没有什么值得夸耀的资本。

老客户和实体堡垒

对于银行来说，老客户一直是一个极其强大且具有成本效益的销售渠道。银行的客户一般都比较稳定，客户一般不会从一家银行换到另外一家银行，这种稳定性甚至会跨代保持。父母会带着他们的孩子直接来银行办理业务，而这根本不会给银行带来任何营销成本。但这里所说的老客户的概念不仅仅意味着只是一个现有的、自我延续的客户群，他们往往不受技术进步的影响。未来，他们很可能仍然希望银行柜员能够为他们提供面对面的抵押贷款咨询服务。2014 年，花旗 GPS 报告预测显示，到 2020 年，数字化颠覆者将占据美国消费银行业市场总量的 10%（超过 1 000 亿美元），到 2023 年将占据 17%。也就是说，目前仍然有高达 83% 的市场没有转向数字商业模式（Citi GPS，2014）。很明显，银行不能在不断缩小的客户群上建立长期战略，但可以利用这个群体，假定没有其他因素影响，它将在未来几年给银行带来前所未有的规模优势。

那些将实体业务削减到最低限度,并将业务转移到在线服务的银行已经见证了巨大的增长,而互联网的兴起使得许多银行分行遭遇了与实体书店同样的命运。然而,网上银行和直销银行并不一定是变革必要的步骤。我们更有可能看到两个战略集团之间很大程度上的不同:一个是几乎完全在线的银行,它们只提供在线服务;另外一个是通过实体银行继续服务于日益减少但依旧庞大的客户群。通过实体分行,银行拥有金融科技公司和数据采集商无法触及的、非常牢靠的客户群。据预测,到 2022 年,半数以上的英国客户仍将在一年内至少访问实体银行 4 次(Peachey,2017)。零售银行也在向那些有特定需求的小企业提供无法转移到网络上的服务。在美国,经营热狗摊的小贩经常需要在柜台存入自己一天的所得。中小型企业对分行网络的变化极为敏感。马里兰大学的一项研究显示,银行分行的关闭对于小型企业贷款有长期负面影响,远比对个人贷款的影响更为深远。研究显示,一家分行被关闭后,其所在地点方圆近 13 千米的范围内,贷款吸存率下降了约 13%。真正令人震惊的结论是,即使有一家新银行填补了这一空缺,贷款额仍低于前一家银行被关闭前的水平。这最终证明了强健的区域性银行带来的益处。这些数字很说明问题(Nguyen,2014),监管机构应尽力保证银行服务能覆盖全国各个角落,特别是应该保证即使在偏远地区,实体银行服务也能触及。

如果分支机构仍然这么重要,那么银行网点的数量为什么会急剧下降呢?事实上,分支机构也许并没有那么快地衰退,媒体关于分支行倒闭的报道过于夸张。在美国,分支机构与居民的比例从 2009 年到 2014 年下降了 9.8%,这段时间显然是金融危机后银行业重新整合的艰难时期。不过,自 2014 年以来,美国经济出现了一些复苏,据报道,该比例有小幅上升。在 2016 年,分行密度为每 10 万居民有 33 个银行网点,而在 2014 年为 32 个(World Bank,2018)。

> 通过实体分行,银行拥有金融科技公司和数据采集商无法触及的、非常牢靠的客户群。

因此,虽然数字化模式确实正在崭露头角,但很大一部分客户是数字银行或区块链公司根本无法触及的。实体分支机构需要改革,而不是被清除,实体店的开放时间也要适应 21 世纪的需求——试问,有多少上班族有时间在上午 9 点到下午 5 点之间去银行网点办理业务?分支机构的业务和人员工作也需要保持高效。我认为,实体分行应该被视为一种销售渠道,而不是为提供服务而必需设定的机构,这种销售渠道是新的金融机构无法抗衡的。然而,为了使分支机构在这种形势下繁荣发展,银行必须进行彻底改革,并大幅提高服务水平。

品牌效应

大型银行品牌一直都在培养信任,但并不是所有的客户都认为大银行才安全，并把钱都存到类似德意志银行或汇丰银行这样的大型机构。银行牌照意味着每一家经认证的银行都有政府的存款担保。客户之所以选择一家银行往往是因为它是第一个被想到的银行，这也就是营销领域常常提及的"先入为主意识"（top-of-mind-awareness）。尽管所有的广告信息听起来都类似，分析师很难找到一种能把金融机构和竞争对手明显区分开来的衡量标准，但品牌广告和分支机构存在的意义可能远比你想象的更重要。在区块链世界中，品牌力量将变得意义非凡。能够获得非政府背景的金融服务意味着品牌的特性而不仅仅是品牌的存在，未来，这将变得越来越重要。此外，这些特性可以转化为一个完全成熟的竞争优势。这也意味着金融科技公司和科技巨头将争夺那些被人们默认的银行所拥有的属性——可靠性、连续性、安全性和信任感。当被问及与老牌金融机构合作的理由时，66.4%的金融科技公司表示品牌效应是关键，这也是问卷调查中得分最高的选项（Capgemini、LinkedIn 和 Efma，2018）。

许多银行的品牌在全球范围内被广泛认可，品牌的重要性也引发我们思考，未来我们应该如何提升品牌形象。印刷品、电视和直邮这种方式的作用正在持续下降。传统的市场细分和营销活动并不像以前那样运营。科技巨头和社交媒体平台并没有在传统渠道上花费任何精力，但它们拥有前所未有的全球品牌知名度。它们在获取信任方面也做了很多努力，我们已经开始向它们提供我们的支付数据、电子邮箱或地理位置。但是，信任的含义包罗万象，这意味着我们相信公司在我们的有生之年不会破产；相信这些公司不会带着我们的钱跑路；如果我们不能偿还分期贷款，它们也不会派恶棍上门来催讨。总有一天，数据采集商会在所有这些维度上发力。但信任也意味着银行不会泄露我们的账户数据，不会与其他人分享我们的消费行为模式或泄露我们交易对象的身份，而这些都是所有人的基本要求。人们对数据安全的意识正在建立，然而隐私和数据保护与数据采集商的本质相悖，至今，尚未有让消费者真正放心的神奇做法被创造出来。

卓越运营和财务资源

简单来讲，和传统行业类似，银行已经很擅长其自身业务，在运营上已经达到了优异的水准。并不是所有行业都能做到这一点，比如科技行业，尽管在大多数情况下，企业的运转还算流畅，但是前提是这些企业获得巨大的资金投入。最近的金融危机极大降低了银行投资创新的意愿，但这并不意味着即使机会来临，资金还是无法调动起来。目前，仅在美国，银行就持有 13.2 万亿美元的存款（Trefis Team，2017），甚至潜在的竞争对手也得仰仗银行来取得贷款或投资。拥有如此巨额现金意味着银行能够将信贷业务推向其他竞争者无法企及的规模。

客户亲密度

客户亲密度是一个主要资源，但迄今为止，银行对于这一点却基本上没有怎么开发（Deutsche Bank，2016）。客户亲密度是一个广泛的概念，关联到我们已经提到的一些事物，包括分销渠道或品牌效应，也包括其他软实力，例如了解客户的需求、了解他们的购买经历和他们的沟通需求（Danneels，2004）。正如我们马上要看到的那样，即使银行的客户群大多是稳定的，但是了解你的客户对于确保数字商业模式的成功是必不可少的。银行已经可以根据金融模式绘制出客户生活事件图，但是它们缺乏用其他数据建立关联的经验，它们既无法访问到海量的数据库，也不具备硅谷挑战者所拥有的大量数据科学家。此外，监管机构也在慢慢剥夺银行自身掌控的金融历史数据的所有权。PSD2 预计银行将不得不与第三方共享其 API，由此，消费者可以很容易地同意第三方接触自己的银行账户数据，并跟踪其资金走向。

技术基础设施

要运行区块链，我们需要一个大型、复杂、冗余的 IT 基础设施，金融科技公司没有这个条件，但银行具备这个条件。银行的数据库和基础设施承载着数百万笔交易，并存储着数万亿美元资金，它们拥有一个久经考验的、弹性的、大规模技术基础设施的优势。这些基础设施无论是由银行直接拥有，还是由一个子公司拥有或独立供应商运行，都没有什么区别。模仿这些基础设施很难，然而，庞大的基础设施是一把双刃剑，正如我们所看到的，历史遗留系统正在对资产负债表和企业敏捷性产生负面影响。因此，银行必须通过输入支付专家和数据中心来发展新系统，以找到摆脱遗留系统的方法。

表 5.2 总结了不同参与者群体具备的优势，该表揭示了 3 点：第一，银行仍然处于非常有利的地位，可以保持优势；第二，数据巨头比那些被大肆宣传的金融科技公司能够在更多维度上保持优势；第三，银行应寻求与金融科技公司结盟合作，因为这两个集团是完全互补的。

到目前我们研究了两个战略流派（市场与能力），并剖析了可能的市场趋势和潜在的核心能力。然而，即使具备了最完善的分析，但如果没有相应的战略实施建议，这些也是毫无价值的。那么，什么样的策略和商业模式最适合某个特定客户群体呢？

表5.2　3个主要参与者群体的能力概况

竞争优势的来源	银行	金融科技公司	数据巨头
与监管机构的紧密度（银行牌照）	×		
传统客户群和分支系统	×		
品牌效应	×		×
卓越运营	×		
金融资源	×		×
数据与数据思维	×		×
经验和数字商业模式			×
客户亲密度	×		×
关于区块链技术诀窍		×	
技术基础设施	×		×

价格战及银行应如何应对

如果有任何一个术语像"颠覆性"那样被肆无忌惮地滥用，那莫过于"战略"一词了，定价方案、商业模式和客户细分均属于战略的范畴。正如管理层所说，任何一家公司的战略选择都可以归结为3种通用战略：成本、聚焦和差异化（Porter，1980）。换句话说，人们购买企业的产品是因为：（1）它们更便宜；（2）没有其他选择；（3）它们有一些独特的地方，可能是具备更好的性能、更值得信赖的品牌，或者其他一些特性。当然，按照波特理论的逻辑，市场外部性应该决定企业选择进入哪个市场。然而，正如我们在第4章中看到的那样，在选择正确战略时，独特的资源同样重要。因此，在基于区块链技术的银行业，针对每个特定的客户群，将会采用不同的方法展开进攻。

金融科技公司必须专注特定的买家群体。在特定市场，它们可以仰仗自己的创新能力保持较高的定价水平。这种专业化既可以面向某个细分市场（比如某类用户的小额支付），也可以面向价值链中的一小部分。在价值链中的跨度越大，它们就越可能需要与银行合作。瑞波为区块链交易提供了基础平台，这是一个耐人寻味的过程，但如果没有与银行合作，这一努力将注定失败。

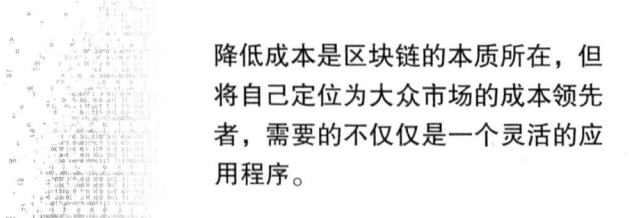

> 降低成本是区块链的本质所在，但将自己定位为大众市场的成本领先者，需要的不仅仅是一个灵活的应用程序。

降低成本是区块链的本质所在，但将自己定位为大众市场的成本领先者，需要的不仅仅是一个灵活的应用程序，尽管科技巨头们

第5章 寻找新的竞争优势

最擅长开发这种应用程序。无论数字挑战者走到哪里,它们都会带去数字商业模式,也就是通过压低价格在我们所看到的一个又一个市场中迅速建立一个关键客户群。无论是谷歌地图还是亚马逊的免费送货,大多数为终端客户提供的服务都是免费的。除了控制成本,数据巨头也会寻求差异化,但这种做法对传统机构的威胁要小得多。借助于苹果支付,库比蒂诺巨人(Colossus of Cupertino)游戏试图建立客户对其软件的依赖与膜拜,就像苹果粉膜拜苹果那样。但银行服务不同于智能手机和计算机硬件,客户不会感情用事,也不会因技术特征而膜拜银行,而且借助于苹果支付界面也不像拥有苹果手机那样显示财力或让自己看起来属于先锋年龄群体。因此,库比蒂诺巨人游戏并没有被膜拜。苹果也在手表和电视机等小配件上尝试新功能,苹果手表充满了新奇的功能,本来是智能手机的合理延伸,但它们并没有像苹果手机那样成功。在这里,我们并不是在贬低硅谷巨头的实力,而是表明,尽管差异化可以确保成本领先地位,但它不能用来打破银行业的壁垒。

那么,银行能够赶得上步伐吗?确实很难。银行的成本结构无法与亚马逊或谷歌相媲美,因为它们需要将合规、传统客户和实体分行等间接成本考虑在内。自2008年金融危机以来,银行已经大幅削减了这些成本,但一旦挑战者进入竞技场,仅仅是更积极地挥舞削减成本这把刀是不会有更好的效果的。另一方面,这些间接费用也会将银行和其竞争者区分开来,并允许银行以此为理由收取溢价。因此,差异化是银行在大众支付市场提出收取溢价的唯一理由,它们需要在多个层面上创造出行业内独一无二的东西。银行寻求差异化的另一个原因是,区块链提高了客户和供应商的议价能力。每当这种情况发生时,一个百经锤炼的管理学理论表明,拥有一个独特的优势总是最好的应对方法（Porter，1980）。

驶向新的大洋，这是一段危险航程

我们从第 3 章中了解到的波特五力模型（1979，1980，1985）表明，区块链将使零售银行业成为一个不太具有吸引力的行业。那么问题就变成了，银行应该如何应对利润下降的威胁？经典的竞争战略是利用现有资源来阻止新的入侵者、降低价格或游说政府实施限制。但是，直觉上，直面对手，接受挑战似乎是正确的做法，在自己的地盘上发生时尤其如此。但研究表明，避免战斗往往是更明智的选择。每一位作战将军都会告诉你，即使是获胜部队，战后的情况也会比战前更糟糕。军队士兵会锐减，财力会耗尽，武器会受损。商业运作的方式大同小异。一项研究中发现（Teece、Pisano 和 Shuen，1997），一般来说，追求新的收入可能性比直接针对竞争对手的行动更有经济价值，因为每一种竞争压力都会影响利润。选择另一条路线的想法得到了所谓"蓝海"理论（Kim 和 Mauborgne，2005）的支持，这一理论激励了许多管理层超越核心业务和市场来拓展业务。蓝海理论认为，每个市场都是一片海洋，在蓝海中，这些生物学会了共存，每一个原住民都有自己的地盘，尽管在交叉区域会发生一些小冲突，但大家不必担心长期的生存问题。但随着时间的推移，这些平静的水域可以看到其他居民的涌入，会使海洋变成红色。当这种情况发生时，与新进入者争斗是没有意义的。相反，原住民应该去寻找新的、人口较少的水域，即所谓新的蓝海。

第5章
寻找新的竞争优势

蓝海理论在很大程度上归功于约瑟夫·熊彼特（Joseph Schumpeter, 1942），他推广了创造性破坏市场（creativedestruction of markets）理论。熊彼特深信，每次新的创新被引入，都会侵蚀或破坏旧的经济结构，并以新的经济结构取代旧的经济结构。熊彼特也相信先发优势。但是，尽管熊彼特认为创新是达到竞争优势的可行战略，但蓝海理论认为创新是另外一种没有竞争的可能性，通过挖掘新的需求来摆脱竞争。这一理论是一个根本性的转变，因为在相关战略研究中，第一次没有将竞争优势作为首要目标。竞争战略和蓝海理论这两个学派都在讨论创新，但波特认为创新是一种赢得竞争优势的手段，金姆（Kim）和莫博涅（Mauborgne）则认为创新是一种创造新市场的工具。

那么，哪种方法更好呢，我们应该选择争斗还是逃离？在回答这个问题之前，还需要一些理论基础。虽然蓝海理论认为竞争强度与利润正相关，但竞争战略认为是负相关。这一点可以用它们对未开发市场的可用性所持的立场来解释。竞争战略认为它们的作用是有限的，而蓝海理论则不这么认为。这不是两者孰是孰非的问题，而是取决于市场的具体情况。如果可以利用现有的核心能力去服务于与本行业相似的行业或客户群，那么蓝海理论可能是好的解决方案。从更小的程度讲，方法的选择也取决于短期和长期目标。研究数据表明，竞争战略在短期内效果更好，而从长期来看，蓝海理论是首选策略（Burke、van Steel 和 Thurik, 2009）。

区块链能让我们做什么呢？有没有新的水域可以供我们畅游？如果有这样的机会，它们在哪里呢？如前文所述，区块链将削减存储和转移资金的成本，并使这些成本几乎变为零。首先最重要的一点是，这意味着我们需要开发新的客户群体，也就是开发那些目前被认为利润水平不高的客户群体。目前世界上总共有 20 亿无银行服务的个人客户，我们能够以一个微不足道的额外成本来获取这些客户。这 20 亿人基本集中在发展中国家，这将给西方银行带来潜在的巨大区域扩张的机会。例如，在中东，只有 14% 的成年人有银行账户并因此获得金融服务。在撒哈拉以南的非洲，66% 的人无银行服务（World Bank Group，2015）。同时在无银行服务的群体中，至少有 10 亿人配备了智能手机（Rangan 和 Lee，2010）。如果你拥有一部智能手机，就不需要银行分行、ATM 或任何其他终端服务了。这样看来，解决尼日利亚农民问题的最初投资的成本问题看起来就不再那么遥不可及了。

第二大蓝海位于一个完全不同的行业，银行可以利用区块链的信任成分从事认证业务。区块链可以将一切都记录下来，包括一个人从出生的证明、结婚证和学历证，到死亡证明。区块链初创公司 Everledger 就是一个很好的例子，这家公司通过验证钻石的身份来展开业务。还有什么样的企业比银行更适合处理公文管理等敏感事务？几个世纪以来，银行一直将自己定位为值得信赖的机构，并尽可能利用这一点成为数据纪录保持者。诚然，实现这一点，将是一

> 银行可以利用区块链的信任成分从事认证业务。

个飞跃，且这一目标可期。银行不仅有正确的定位，而且在遵守复杂的监管方面也颇有经验，政府有理由相信银行有能力完成这项任务。

世上有很多潜在的新市场。在这种情况下，蓝海理论明确建议，同时波特五力模型也隐含指出，企业应退出不具吸引力的市场。然而，吸引力的下降是离开庞大的零售银行业务的正当理由吗？你可能已经猜到了，答案是否定的。花旗 GPS 报告（2016）估计，全球银行业利润中最大的一部分（46%）来自个人和中小型企业的银行业务。我们很难想象一项技术如何能抵消这些利润的损失，无论这项技术多么具有革命性。此外，银行的影响力、规模和社会重要性都是以零售银行业为基础的，坚守零售银行业这片战场不仅是确保资产负债表中盈利来源的问题，也是通过新服务实现长期收入的问题。

今天金融服务的客户是明天交易验证或安全通信的潜在用户。如果银行将重心从核心业务转移开，它们很有可能会在区块链赋能的下一个大事上输掉，那就是智能合约。此外，各国会试图阻止银行退出市场，而那些试图退出市场的行动者可能会遭遇监管机构的责难。以前的客户将被分配给竞争对手，从而使竞争对手的规模优势远远超过银行的零售部门。研究表明，在固定成本较高的行业剥离客户或客户群可能会特别危险，因为银行必须将固定成本分摊到剩余客户中（Vikas、Sarkees 和 Murshed，2008），这使得遣散客户成为银行业的棘手问题，在相对成本越来越低的区块链世界尤其棘手。最后，银行必须考虑是否要采取一些措施来阻止金融科技公司和初创企业跟随它们一起进入蓝海。无论如何零售银行业是一座不容易被攻破的堡垒。

所以退出市场不是一个可行的选择。盈利能力的下降可以通过进入新的业务领域来弥补,但前提是传统企业仍会在其地盘上持续竞争业务。还有另一种提高盈利能力的方法,即所谓的"边缘战略"(edgestrategy),这是刘易斯(Lewis)和麦肯(McKone)(2016)提出的一种方法,受到媒体和学术界的广泛关注。他们建议,在颠覆一切之前,企业应先从核心业务的"边缘"获利,这里的边缘有3个:产品、客户体验和未充分发掘的企业潜力。通常,信用保护保险等补充产品可以进行交叉销售。与核心产品相比,客户对这些产品的价格敏感度较低。另一个例子是银行可以建立自己的区块链基础设施,然后将过剩的产能出租给较小的竞争对手。边缘战略可以成为提高盈利能力的有力工具,但它只有在核心业务完好无损的情况下才能发挥作用。而这些银行核心业务恰恰是创新者正在猎寻的。创新者深知,这场决定性的战斗不会在某个蓝海或红海边缘展开,而是在3个主要方面展开:促成交易、存储价值和提供信贷。

在本章中,我们已经看到,随着区块链的发展,企业竞争优势的本质将发生巨大变化。传统上企业用来竞争的维度仍然是有价值

> 这场决定性的战斗将在3个主要方面展开:促成交易、储存价值和提供信贷。

的，但也会增加一些其他维度，这充分表明数字时代已经到来。尽管有人声称银行最终会破产，但银行在将来仍有实力进行抗争，它们甚至有潜力扩大自身业务。但数据巨头将以无成本的方式发起进攻，那么银行的主要竞争优势是信任吗？

第6章
商业模式演进——科技范式的到来

神话：信任可以成为银行在新的生态系统中的竞争优势。

为什么安全争论是一场闹剧

在金融史中，对商业模式的需要如同人类对金钱的需求一样稳定。无论是古巴比伦的黏土代币，还是文艺复兴时期意大利商人间的欠条，牧师和银行家都会从账户管理、资金转移或借贷交易中收取费用。这些费用无论是以固定金额，还是按利息多少来收取，都没有实质性区别。在约定的时期，一个人可以把钱借给别人以获得比补偿存储现金的成本更高的利息。但总的来说，银行家从未放弃收费模式，他们为什么要这么做呢？这其中的逻辑很简单，人们要为额外的安全性付出代价，把钞票放在枕头下面无须给银行支付任何费用，但丢失钞票的风险可能会让你晚上睡不着觉。

这一逻辑至今仍牢牢地印在银行家的脑海中，不仅是历史证实了这一点，心理学也证实了这一点。毕竟，人的本性是厌恶风险的，我们通过心理实验可以证实这一点。其中最著名的研究是丹尼尔·卡尼曼（Daniel Kahneman）的实验，该研究证明了人们对损失的厌恶，卡尼曼也因此获得诺贝尔经济学奖。想象你在街上遇到一个非常慷慨的人，他拿出两张 5 美元钞票，给出两个提议：只给你 5 美元，你可以拿走；或者，你可以选择扔硬币，如果硬币是正面，你就可以拿到两张 5 美元钞票，如果硬币是反面，你就什么也得不到。这两个提议你会选择哪一个？大多数人会怎么做？从数学的角度来看，这种情况是显而易见的，无论选择哪一个，财富增加的预期收益都是一样的。如果选择赌博，你有 50% 的机会赢得两倍于"安全选择"的收益，即 10 美元，剩下 50% 机会当然什么都没拿到。因此，从统计数据上看，我们可以预期那些稳稳拿走 5 美元钞票的人和那些愿意赌博的人的比例是相等的。然而，绝大多数人却愿意拿起 5 美元，然后兴高采烈地走开（Tversky 和 Kahneman，1981）。对于损失风险的厌恶态度，导致非理性选择。我们想一想人们签下的所有保险单就理解了这一点，为生存威胁而投保是合乎逻辑的。例如，人们愿意为可怕的医院账单或遭遇车祸后的法律费用而投保，但有些人选择支付保费仅仅是预防未来自己被锁在房间外面时不得不打电话给锁匠。这类事情发生的概率很小，即使真的发生了，也只会造成微不足道的损害。你上一次摔碎眼镜是什么时候？汽车的挡风玻璃多久会碎？你曾被毒虫叮咬而感染吗？但事实上，人们还会定期签署这类保险单。从概率的角度看，保险公司就像开赌场，一般不会亏损。就像卡尼曼的实验那样，为非生存类风险而投保证明了安全对人们至关重要。为获得内心的平静，人们会做出各种非理性的选择。

人类这种认知偏差正是金融从业者所依赖的，人们因为信任著名的金融机构而选择它们。那么，人们为什么要改变目前流行的收费模式呢？一个不是非常严密的论点认为，无论是来自区块链公司还是数据采集商，这些挑战者只会挑选勇于探索的边缘群体来发展业务。我们来看看这一论点的主要前提，人们真的那么信任银行吗？人们真的信任银行牌照背后的支持者政府吗？最近的一项研究显示（ACI Worldwide 和 Aite Group，2017），当人们被问到谁在保护自己的账户和银行卡的信息方面做得最好，在英国，回答大型金融机构的人比例高居榜首，高达48%；回答社区银行的比例达到13%；有39%的受访者更信任大型零售店、餐馆或政府机构。因此，传统金融机构确实有信任溢价。如果银行选择只运营以信任和安全为目的的平台，10个人中就有4个人会自动成为客户。在全球范围内的总体信任分布也较为相似。然而在另外一些情况下，大型银行的得分甚至更差一些。例如，只有19%的瑞典人认为银行最适合保护客户的数据。

有趣的是，在数据保护方面，应该保护金融体系运行的各国政府却获得了最令人沮丧的调查结果，只有5%的英国人表示政府在保证数据安全方面的工作做得最好，这种缺乏信任的现象往往是由于公共机构容易受到黑客攻击和政府过度干预所助长的。关于这一点，没有比2014年臭名昭著的塞浦路斯"保释"更能说明问题。当时塞浦路斯政府单方面强行没收了塞浦路斯银行和大众银行（Laiki）的储户手中的40亿欧元，而每一个存款超过10万欧元的储户，其几乎一半的存款都被没收了。国有企业的养老基金受到的冲击最大，养老基金里的钱一下子就蒸发了。最后，议会出面解决了问题，政府宣布这不是增加新的税收，而是没收储蓄来保证两家银行的重组。在整个过程中，立法和司法部门都被绕过（Traynor等人，2013）。作为一个先例，此次"保释"行动动摇了人们对法治的信念，这类事件也是在最近的金融史上前所未有的。正是在这种背景下，人们对加密货币的兴趣呈爆炸式增长，比特币被比喻为"数字黄金"的说法也进入了公众的争论。所有受监管的金融机构都与政治决策有着千丝万缕的联系，这正是密码狂热者纷纷转向另类金融体系的另一个原因。想象一下如今"保释"的后果：改良的比特币替代品已经变得比比皆是，普通民众也越来越意识到加密领域的存在。这说明，政府和大银行必须谨慎行事。

在开始讨论银行、政府、科技巨头或初创企业哪一个最受信任之前，我们有一个更根本的问题：在选择金融产品时，信任真的是决定性因素吗？

如果银行家相信，由于人们厌恶风险，他们可以借此凌驾于挑战者之上向客户收取溢价，那么现在银行家应该重新做出思考。他们需要考虑一下业务的便利性，因为我们在很多场合看到，人们对这一因素考虑高于安全问题。看看 M-Pesa 吧，这是一种基于短信（SMS）的汇款服务，由肯尼亚运营商巨头 Safaricom 提供并由沃达丰（Vodafone）在肯尼亚推出。它甚至在没有达到区块链安全标准的情况下，席卷了整个肯尼亚，这个手机应用程序允许用户存钱，向其他终端客户转钱，并可以从所谓的代理人处取出现金。这里的代理人可与银行柜员相媲美，只是他们是靠其他职业谋生的人，例如，这些人可以是经营售货亭或加油站的人。在 ATM 和银行分行密度较低的地区，他们甚至可以作为人工提款机的替代而赚取额外收入。M-Pesa 基本上以极低的成本和低安全性取代了银行的储蓄和支付功能，它没有银行牌照，这里的储蓄也没有国家担保，交易机制也不是特别安全，它使用非常简单的短信技术。当然你可以说，M-Pesa 的成功是因为市场缺乏更好的替代品。生活在非洲偏远地区的人们无法进入银行分行，也没有 ATM 或商业终端服务。这是真实的现象，把你的存款交到没有牌照的电信公司手中，而不是藏在枕头下，仍然是一种风险偏好的表现。事实上，M-Pesa 在肯尼亚很多城市蓬勃发展，这些城市的居民有其他选择但依然选择了它。那么这种现象可以归结为文化差异吗？欧洲和美国应该不会把便利性放在安全之上，但事实真的如此吗？调查结果显示确实不会，有 56% 的英国消费者表示，如果某家商铺出现欺诈或数据泄露后，他们不会再次光临这家商铺（ACI Worldwide 和 Aite Group，2017）。这一结果是可以理解的，大家可能也会感同身受。但我们是否付出足够努力保护我们自身的数据呢？我们准备好投入额外的时间和精力，更不用说额外的资金来做该项工作吗？可悲的是，大多数人可能没有做到这一点。我们看一下电子邮件加密问题。市场上有很多很好的工具可用于保护邮件安全，基于非对称加密技术构建的免费软件可以保护你的私人和商业通信中最易受攻击的内容。但是我们看到，很少有人使用它，因为你需要下载软件、设定密码，并向每个收件人解释全过程，这样做实在是太烦琐了。人们可能会十分在乎别人窥探他们的谈话，但是当涉及为阻止这种窥探而设定一定措施时，他们突然就变得不在乎了。在一项对行人随机抽样的实验中，人们的这一鲁莽行为表现得更为明显，有 7/10 的伦敦人为了换取一块巧克力而泄露了登录密码，甚至在没有甜蜜的巧克力激励的情况下，也有 1/3 的人选择了这样做（BBC，2004）。人们也许会怀疑，这些人会不会同样轻率地把自己家的门锁钥匙交给陌生人。

银行需要从这当中学到的是，它们不应该打成本战，不能与外表看似随意的金融科技公司和数据采集商对抗。这里的差异化也很

> 7/10的伦敦人为了换取一块巧克力而泄露了登录密码。

棘手，银行需要在客户愿意支付溢价的维度上实现差异化。强大的安全措施可能会吸引许多人，但不会吸引所有人。即使是那些将安全视为第一因素的人，也会关心为安全而支付多少费用。这些例子表明，决定我们选择技术的因素是便利性和成本，而不仅仅是安全性。M-Pesa应用不会在欧洲推出，但区块链驱动的类似的应用在欧洲已经开始了，比如初创公司阿布拉可以将它的每个用户变成银行柜员，后台的区块链技术保证了其安全级别，这是短信或大多数其他信息交换技术无法达到的安全级别。一些拥有银行牌照却由区块链技术引导的直销银行对于那些坚信银行牌照是绝对必要的客户来说，颇具吸引力。数字银行Revolute始于英国，并迅速扩展到许多国家，提供包括账户、贷款、信用卡和保险等银行的基本功能，还允许用户交易比特币、莱特币（Litecoin）和以太坊。这家银行提供的服务成本较低、功能简单，且提供加密货币交易接口。这家银行还申请了银行牌照，以便能够与传统银行一样提供存款保护。

在许多方面，技术范式培养了许多对价格高度敏感而认为免费的数字服务是理所当然的客户。技术范式正在转变为银行业的直接需求，功能性和易用性成为主要的决策标准。这些变化会影响产品和服务，但最重要的一点是，它们会对业务模式产生深远影响。

信息技术范式的市场规则

数字范式已经渗透到商业活动的所有领域，极客的开放性让守旧派的高管们瑟瑟发抖，技术趋势青睐于数字服务而非物理服务，青睐于呈指数增长而不是线性增长的机制。但最重要的一点是，对于传统机构和新进入机构的董事会来说，技术的飞跃与商业模式的演变却是齐头并进的。毕竟，消费者不仅要改变对产品特性的态度，还要改变对成本和价格的态度。虽然10年前没有人抱怨要支付电汇费用，但在当今高度互联的世界，人们对更新两个账本的成本的看法已经大不相同。继续当前的商业模式会为未来的战略发展罩上阴影，这是一种危险的做法。我们看一下宝丽来的情形，当管理层认为消耗品（如电影）是赚钱的业务，而硬件（如摄像机）只是电影的一个推动因素时，他们并没有看到时代的变化。数字化改变了利润来源，毁掉了宝丽来管理层认为的最锋利的武器——电影模式，摄像机制造商被迫向其硬件使用方收费。最终，工业的数字化使得宝丽来公司寿终正寝（Danneels，2004）。

每一个时代都伴随着一种首选的商业模式。一般来说，业界有4种主要的盈利模式。每一种模式都是由不同的技术和资产支持的，也都会导致不同的盈利水平。第一种，有资产建设者通过利用实物资产创造来实现价值创造，比如钢铁制造商需要拥有昂贵机器和大型工厂。第二种，有一些服务提供商将其价值创造建立在人力资本的基础上，比如清洁公司可能不需要太多机器，但需要很多人工。第三种，技术创造者依仗自身的知识资本，出售他们的想法和软件等知识产权。我们为计算机的操作系统所支付的许可费用，会最终支付给那些训练有素的软件开发人员，因为这些开发人员负责构建并保持系统的运行。第四种，网络玩家利用他们的网络资本来创造价值，比如，通过能够让客户通过网络关联网络中其他参与者，使得报纸经营商得以把读者"卖给"广告商。实证结果显示，网络玩家的表现显著优于其他盈利模式。但尽管如此，由于企业对各自资产的投资太大，同时也往往缺乏应用转型技术的专业知识，因此很难去改变其商业模式，这也就是为什么网络玩家仍然只占所有上市公司的2%（Libert、Beck和Wind，2016a）。

那么，网络玩家又是什么样子呢？这种模式同时利用技术和网络资产将优势表现得尤为突出。因此，如果你认为印刷机是一项技术上的后期突破，那么关于报纸的例子实际上并不是最为典型的，而搜索引擎是一个更好的例子。在数字范式中，降低成本和提高速度是改变这场游戏规则的因素，而这两个优势正是区块链的价值主张。为了抓住这一有前途的价值，科技巨头和金融科技初创企业正在为具有类似思维的行业提供新的竞争方式。为了与科技公司达到公平竞争，需要运用大数据、双边市场和免费商业模式等。对于摄像机的故事，其进化过程非常直截了当，企业不能就消耗品再向客户收取运行费用，所以就必须提供价格昂贵的、功能齐全的和百万像素的摄像机。为了确保企业业务有回头客，这些功能须在更短的时间内以指数级实现进化发展。精明的生产商也从边缘业务中获利，即通过交叉销售三脚架和摄像机保护壳等高利润率的副产品来盈利。对其他行业来说，商业模式的颠覆更为棘手，但利润也同样丰厚。在线媒体或智能手机应用程序的例子表明，在人们最不愿意为服务付费的领域，双边平台尤其有效。采用双边平台这种模式，企业必须同时为市场两边的客户平行提供服务，而这两个群体的利益是相互冲突的，一个群体的规模会直接影响到另一个群体的发展（Rochet 和 Tirole，2006）。比如，如果我们在应用程序中嵌入横幅和弹出窗口，则会吓跑用户。如果我们吓跑用户，广告商也会跑掉。反过来，如果我们对广告限制过多，将没有足够的财力确保产品能够吸引更多的用户。这是一种只有最优秀的管理者才能做到的平衡。

> 在数字范式中，降低成本和提高速度是改变这场游戏规则的因素。

谷歌提供的广告平台 AdWords 及其搜索引擎正体现了这种商业模式转变。AdWords 是第一个可扩展的动态双边平台（Baden Fuller 和 Haefliger，2013），面临的挑战是创造一个强大的工具（谷歌搜索引擎），并以其他竞争者不可企及的成本（实际是免费）提供给终端客户。为了补偿成本并赚取利润，这些终端用户的关注点（也就是流量）随后被出售给这种模式中的第二个客户群，即那些希望向单独细分的目标群体进行广告宣传的公司。在双边平台模式中，最基本的问题是，应该向哪一方收费，哪一方需要以烧钱的模式来吸引客户的注意力。对银行来说，一个好消息是：客户亲密度是这种模式成功的先决条件。银行拥有大量的高亲密度客户，而它们今天并没有充分利用这些客户。

在另一篇论文中，提出这一分类的同一批研究人员（Libert、Beck和Wind，2016b）认为，在银行业，区块链将是推动行业朝着网络玩家商业模式发展的技术，它将使网络资本比今天更具价值。银行业已经见证了数字革命的第一次浪潮，实体分行的关闭和数字银行的出现都证明了这一点，但数字革命主要的催化剂将是区块链。

因此，让我们将此框架应用于基于区块链的银行业的3个主要参与者群体。从传统意义上讲，银行可以被视为服务提供商，金融科技公司可以被视为技术创造者，而数据采集商可以被视为网络玩家。因此，数据采集商具有最大的盈利潜力。这也意味着，银行甚至不应考虑将前端业务交给苹果支付之类的入侵者，后者不仅要求获得交易的一部分，而且还要求银行投入高得离谱的营销预算，更不用说它禁止银行在这些应用商店中提供银行自身的钱包。银行需要自己玩转网络，而不是屈服于这种压力。

今后我们很难再说银行仍然是典型的服务提供商。事实上，越来越多的任务是由客户自己完成的，而银行主要负责提供的是技术资产。客户主要关心ATM和应用程序的可靠运行。从服务提供商到技术促进者的变革正如火如荼地进行着，正如我们在本章将看到的那样，一些银行甚至正朝着网络玩家的方向发展。我们有时很难辨别这4种模式中的哪一种占主导地位。从单一费率、聚合服务到成熟的平台模式，银行已经开始尝试采用新的方式盈利。

> 区块链将是推动银行业朝着网络玩家业务模式发展的技术。

从费用到单一费率

这里有一个简单的做法，为了确保客户支付，我们可以采用一种创新型定价模式，即采用一个单一费率计划，其中所有的金融服务费都被打包成一个月付或年付的费用包。长期以来，电话和互联网服务一直采用单一费率模式，而Netflix的经验也表明，它也适用于娱乐业。事实上，银行熟悉这种模式，客户开户后，通常会得到免费的账户管理服务、免费ATM取款服务，以及免费交易服务。但在大多数情况下，这些服务只会限定在某一个国家或者地区使用。在区块链时代，这将是不够的，因为银行已经没有理由收取更多的国际汇款服务费。

单一费率模式要与套餐中包含的服务保持一致。银行需要决定将保险、信用卡和贷款诸多服务中的哪些选项包括在内，从而放弃交叉销售的机会。定价因素对于打包什么选项是次要的，因为最关键的是这些套餐服务包含的不仅仅只是基本服务。区块链金融科技公司很可能会像数字银行今天所做的那样，采用免费的精简功能来参与竞争。我们已经看到，信任并不能成为溢价的理由，因此，银行的差异化服务将不得不在这样的单一费率套餐中，比竞争对手包含更多的特征。

我们所描述的这条路线有利可图，但它可持续吗？区块链技术将启用新的服务并改进现有的服务方式。最初，在产品被改进的情况下，收取溢价是合理的。但随着行业的成熟，客户为差异化所支付费用的意愿也在下降（Porter，1979）。因此，单一费率模式只会减少区块链对收益所带来的压力。此外，随着基于区块链技术的银行业的生命周期的不断发展和竞争的加剧，与金融科技公司提供的免费服务相比，银行将不再具备收取单一费率的功能。因此，银行也需要提供更多的创新模式。

银行是金融工具的集合者

我已经在与账户和转账相关所产生的利润池暗示了，交叉销售是个神奇的词语。要做到这一点，银行必须占据一个特定的位置，否则，像苹果支付这样的服务试图将其推到后端，对于银行是很危险的。如果说网络玩家的胜利教会我们什么的话，那就是为了利润，银行需要与终端客户保持密切关联，而不是在价值链上远离他们。正如我们所看到的那样，银行强大的品牌意味着它们已经具备取得成功的先决条件，所以银行下一步要做的就是加大其产品供给。从便利性的角度来看，将所有银行服务包含在一个应用程序内对客户来说将是最主要的差异化。对于客户来说，将数十个应用程序下载到手机上，或试图记住多个代码和地址（这是比特币的一个特别的烦恼）会给其带来很大的行为成本。把所有东西放在一个地方，比如放在一个银行应用程序中，就能解决这个问题。与收费方法一样，聚合服务属于差异化理念的范畴，而不属于成本领先理念的范畴。

所有的客户都会欣赏全方位渠道产品，而不管客户有多少倾向于数字化。网络平台、移动应用、分支机构和呼叫中心，这些都是用户想要的。比如，我可能有99%的交易在线上执行，但如果我知道我可以随时到柜台和银行经理交谈，这也会给我一种安全感。同样，只提供移动服务的银行，如果不提供桌面应用程序，它们可能会失去许多客户。全方位渠道服务将同时成为数据巨头和金融科技公司的试金石，只有那些服务于所有渠道的服务提供商才能自称是最好的金融服务的聚合者。但是，有些金融产品只选择特定的交互方式，比如，抵押贷款就很难通过应用程序来解释和销售，而且科技巨头往往有固有的局限性，比如苹果系统不会提供安卓支付。而另一方面，银行却注定要在其保护伞下聚合各种服务，并成为金融业的一站式服务机构。考虑到银行的竞争发展史，这一观点尤其成立。

为了建立强大的平台，银行不能自己开发过量的应用程序，如果那样，竞争将转移到新的竞争对手的地盘。相反，传统金融机构必须利用数量激增的金融科技公司及其所专注的服务优势。如果银行缺乏加密货币交易的知识，它们应该签约或购买一家专业的金融科技公司，并将其交易功能纳入其应用程序中。在这个聚合服务场景中，银行作为单一联系点转移到前端来，与其他功能聚合为基于区块链的金融科技服务。其价值的获取是通过销售核心服务以及从聚合到平台中的外部产品中分得一杯羹来实现。从理论上讲，这样做有两种方式。第一种是"集市"的方法，银行成为将用户与其他公司的新产品联系起来的平台，因此从供应商那里收取费用，供应商仍然以自己的品牌提供应用程序和服务。尽管这可能是网络玩家模式的原型，但它并不符合银行的独特的销售主张（Unique Selling Proposition，简写为 USP），因为谷歌或亚马逊也可以这么做，苹果的应用商店也可以提供所有这些应用，甚至更多，而且可能做得更好。第二种方法是银行需要提供附加值服务，而不仅仅是简单地将受众和金融科技应用联系起来。例如，通过部署其全方位渠道能力或依仗银行牌照来开展业务。

> 全方位渠道服务将成为数据巨头和金融科技公司的试金石。

第二种方法更有希望，银行可以挑选最好的初创企业，并贴上时尚标签整合到自己的品牌下。这仍然是将网络资本变现为利润，但与猫途鹰（TripAdvisor）或缤客（Booking.com）只是通过算法收集和评估其能找到的东西不同的是，这些服务是银行以自己品牌提供的。事实上，这也是金融科技公司青睐的做法，有 66.4% 的用户（迄今为止得分最高）青睐这种时尚标签模式（Capgemini、LinkedIn 和 Efma，2018）。这样做的原因很简单，这种模式允许金融科技公司利用银行的规模优势，并在许多方面发挥作用。如果银行把金融科技的引擎放在自己的应用上，这些引擎会起卧底的作用，由此，金融科技公司可以将相同的解决方案出售给其他银行。如果银行不同意这样做，那么至少它们可能会要求获得排他性溢价。对银行而言，与仅仅充当经纪商的角色相比，时尚标签意味着它们可以在整个利润蛋糕中攫取更大一块儿。这也是一种忠诚度的传递，因为与未知的金融科技公司相比，在大银行的标签背书下出售产品会更容易一些。与此同时，银行也面临着技术、结构、法律和营销方面的挑战。根据合作形式的要求，前端的供应商负责价值链的合规性。把银行比作汽车制造商，银行充当零件组装商的角色，如果最新型的刹车系统失灵，银行要承担法律责任。然而，银行却拥有根植于其核心能力方面的精准的专业知识，这是数据采集商无法轻易模仿的。

"免费"商业模式

不管是不是差异化策略，网络玩家模式总是会压低产品的价格，在大多数情况下，价格都会降到零。由于企业除了直接向客户收费外，还可以以其他方式获得利益，因此它们会参与打价格战。因此，人们逐渐开始习惯获得免费数字服务，大家对这一点应该不会感到奇怪。

"免费"商业模式也是数字领域突出的一种现象，是"赢家通吃"机制造成的结果。这里的假设是，一旦市场被垄断，价格几乎可以被随意设定，盈利能力也会迅速上升。因此，在第一步中，差异化和成本领先战略被合并在一起，这一步会导致利润被挤压，缺乏盈利能力的例子不胜枚举。对于金融科技公司而言，这种合并的市场方法是被尝试和检验过的。我希望你有足够运气来说服银行股东相信许多投资者很容易接受无限期推迟盈利时间点。事实上，大型机构的投资者有多种多样，短期和中期投资者肯定不希望听到因为转向一种新的商业模式而导致未来几年必须削减股息。幸运的是，在削减成本和取得差异化的同时，我们还是有办法取得盈利的。

超越财务

对于许多银行家来说，区块链引发的恐惧多于对这项技术的热情，银行家首先将其视为对自身行业主导地位的攻击。不过，他们应该明白的是，进攻是最好的防御。我们已经看到，支付可能是一个特洛伊木马（Trojan Horse），科技巨头和初创企业会从这匹木马的腹部爬出来偷袭金融业。然而，它也起到了另外一个作用，由于支付渗透到经济各个环节，因此我们可以利用一个杀手级应用，从以前从未想到过的角度来获取收入。斯金纳（Skinner，2016）以韩国新韩银行（Shinhan Bank）为例说明了这一点，该银行创建了自己的带有支付功能的餐厅应用程序，这款应用程序在市场上迅速传播开来，以至于其他银行为了进入新韩银行的钱包，都在付钱给新韩银行。新韩银行抓住了前端市场，之后把客户流量卖给了竞争对手。这一典型的双边市场把新韩银行送往了正向螺旋上升通道，利润来自寻求进入其应用程序的很多公司，进一步使得应用程序的价格或功能都可以是最新的。

在欧洲也发生了同样的事情。奥地利第一储蓄银行为其客户推出了一款名为乔治（George）的网络和移动端应用程序。这款应用程序迅速得到用户认可，名声大涨的同时，银行的管理层开始力推将其授权给其他银行，这款应用程序成为一个潜在的新的收入来源（Wiens，2018）。虽然在整个过程中，第一储蓄银行没有透露模式的任何细节，特别是在品牌营销方面，但它确实指出了一个新的收入支柱。通过支付和财务管理的门户，银行可以销售软件产品，而不仅仅是提供传统的银行服务。

这里销售的不一定总是软件产品，对与非信息技术相关的副产品所进行的交叉销售也同样有利可图。基于人们对电子商务的不信任，乌克兰最大银行普里瓦银行（Privatbank）利用容易受到攻击的分行系统资产来开展业务。人们可以使用分行的平板电脑在网上购物，商品可以被直接送到银行（PrivatBank，2016）。虽然开发应用程序肯定会是一条更容易走的路，但乌克兰普里瓦银行的这一不同寻常的创新显示出一种不受传统思维局限的获取收入的潜力，同时也显示出某些商业模式确实要依赖于当地环境。比如在美国，网上购物对大多数人来说是一种很平常的体验，很难想象这项服务会这样起作用。但正是存在这种局部优化的可能，使得数据巨头的一刀切的做法出现可利用的漏洞。

免费增值——为什么免费服务势必不能真正免费

"免费增值"（freemium）代表了一种基本服务都是免费提供的业务模式，但业务收入是通过提供一个高级版本来获得的。例如，交易额低于 100 美元或每月 5 笔交易都可以是免费的，而超过这些限额的任何交易都要按服务次数或固定费率来收取。这样做可以迅速增加客户数量，但从非付费客户到付费客户的转换率至关重要。

该模型也更适合于数据采集巨头和金融科技公司，它们从一开始就使用这种模式。另一个业务模式是从提供基本服务开始，陆续增加更为强大的优质服务来寻找优质用户。这些做法就是差异化服务的由来，如果银行能够做到组装更多更好的服务工具，那么大多数优质用户也会接受更高的费率。

将数据变现为利润

当免费提供基于区块链的金融服务时，企业也可以将生成的海量数据（无论是作为原始数据或以精准营销的形式）进行出售来获取盈利。正如参与者群体的名称所暗示的那样，其业务模式属于数据采集范畴，因为它可以将洞察力与已经由搜索引擎、社交网络、手机或智能手表所构建的个人资料数据结合起来。对于谷歌或苹果来说，用户的支付方式只是这个业务拼图游戏中的另一部分，当它们向广告商销售产品和推出新产品时，可以借此来提升目标群体的定位精准度。金融科技公司也可能使用它，但一般来讲，小型专业公司缺乏将金融数据与其他数据整合的能力。整个过程可能并不复杂，它们可以在应用程序中投放有针对性的广告，或者在法律允许的情况下将原始数据出售给其他公司。银行又在做什么呢？它们坐拥大量自身不使用的信息。研究显示，银行只标记了 3% 的数据，分析的数据也不到 0.5%（Forrester，2016）。考虑到有关数据隐私的规定，这毫不奇怪，因为对于银行牌照持有者来说，对外销售数据是一条不可行的途径。事实上，在某些司法管辖区，银行保密条款和《数据保护法》使得以上的做法几乎不可能实现。

有了数据保护规定并不意味着企业数据必须被锁在一个保险箱中，也不意味着任何员工都不能接触这些数据，银行依然可以充分利用数据来向上和交叉销售自己的金融产品。这种方法就是前文所讨论的时尚标签聚合的完美助推器。如果银行的目的是销售金融产品,它们就没有理由不根据所分析的客户偏好去分析数据。它们还可以使用这些数据来改进其资产组合中的产品类别。谷歌利用人们输入翻译工具的文本来提升自身的算法,特斯拉收集客户的信息碎片来制造自己的自动驾驶汽车。为什么银行就不能这样做呢?

互补者——罐外的黄金

交叉销售模式展示了附加产品的利润是如何显著,并能补偿银行因开发功能强大的核心产品所产生的成本。增加销售量是一个永恒的挑战,但也有一种方法可以把用户锁定在产生利润更高的产品中,即为客户提供互补服务。交叉销售意味着在核心产品的基础上进行销售,而提供互补是建立在互补关系基础上。如果客户没有相应的剃须刀,则无法销售刀片;如果客户没有对应品牌咖啡机,则无法销售雀巢咖啡胶囊。我们只有同时拥有这两种产品,才能发挥核心产品的潜力。由于这种依赖性,其中一款产品可以作为切入点并以非常低的价格来提供,而另一款产品则是利润驱动的(Grove,1996)。这种模式也被称为剃须刀和刀片模式(razor-and-blades model)。巴西数字银行 Banco Original 展示了如何在银行业使用这一模式的实例,该银行允许其客户访问一个批量购买平台,在那里他们可以获得非常低的价格,这家银行利用其资本资源和客户组合规模来提供折扣。比如一笔汽车交易,在拥有众多客户的前提下,银行就有可能挖掘数据,找到足够的客户来批量购买某款车型。然后,银行可以将这些批量采购的价格优势传递给客户,之后这家银行可以通过发放贷款为汽车融资来进一步获取利润。在这种情况下，银行通过销售汽车保险来盈利这种交叉销售仍然是可能的。客户买车的钱虽然少了，但贷款的利息却高了（Stocco，2015）。如果没有为客户提供互补服务，客户就无法从批量购买的优势中获利。尽管理论上他们可以用现金买车，但这貌似不太可能，因为批量购车的参与者往往是无法支付那么多现金，以至于往往是对车型、颜色或功能不太挑剔的人。此外，银行很容易筛选出账户中有所需现金的客户，从而将这些客户剔除在这样的营销活动外，这只不过是一个简单的客户细分行为而已。

  区块链带来了许多其他机会。我们可以设想一下智能合约的应用。想象在两年后你想卖掉在批量购买活动中购买的汽车，你并不喜欢这个车型，当时购买此车只是因为它很便宜，你决定把它卖给你的朋友埃迪（Eddie），但他不能一次性支付车款，所以你让他分期支付，但埃迪偿还债务方面记录欠佳，所以为了确保他能够遵守承诺，你建立了一个基于区块链的智能合约。根据合约，只有当埃迪每月按时付账，汽车的门才会打开，这个合约要持续到款项全部付清为止。或者，我们可以应用到另一个场景中，假定出租公寓和

银行可能会以较低的价格提供智能合约服务。

设备，你可以在租约中配备一个由智能合约来控制的智能锁。你的银行可能会以较低的价格提供智能合约服务，每月收取一定的费用，以支付后台技术基础设施的维护费用。当运行一个账号需要的费用越来越高时，基于区块链的验证服务的芯片可能得以植入银行业务中，因为这是获得验证服务的先决条件。

与金融科技公司有所不同的是，提供互补服务有可能成为银行的强项，银行在其投资组合中具备必要的广度来开展这项业务。对于数据采集巨头来说，提供互补产品策略很难获胜，因为这些公司提供大多数服务都是免费的，这样就很难在剃须刀和刀片模式中找到相关的"刀片"。

在这么多商业模式中，你会选择哪一个呢？事实是，当我们慢慢进入区块链时代，没有任何战略天生就是好或坏，任何商业模式也是如此。相反，这种选择是由你的定位和资产所推动的。对于追求差异化的银行来说，收费模式或聚合模式最为有效，而对于那些以成本领先的方式引导客户的数据采集商而言，继续推出免费服务是最有意义的做法。金融科技公司也可以选择后者，但是由于它们（初始）的焦点策略，使得其选择的子战略可能会有所不同。表6.1 概述了适合不同参与者群体的业务模式。遗憾的是，该表并不适用于行业主要参与者群体中的所有子群。例如，直销银行可以使用免费增值模式，但通常不建议传统银行使用这一模式。更混乱的是，同一家公司可能同时执行 B2B 和 B2C 战略，两种战略在具体执行过程中又需要不同的方法。此外，一些领先的数据巨头已经涉足区块链云服务，从而也模糊了它们的定位。由于所有这些原因，该表的应用并不是教条式的，但它依然为银行的战略构建提供了一个通用指南。

表6.1 商业模式和参与者群体的战略契合度

参与者	基于收费的模式	聚合模式	"免费"商业模式		
			提供互补产品	数据聚合	免费增值
银行	高	高	高	低	低
金融科技公司	中	低	低	中	高
数据巨头	中	中	低	高	高

品牌世界中的全球化竞争

数字化搅乱了竞争程度和企业赚钱的方式,它不仅仅在行业的竞争中增加新的领域,也搅乱了原来地理位置的重要性。有的人认为,区块链意味着国家边界的消亡,它的全球账本不会根据国界而有所不同,无论你是把钱寄给隔壁邻居还是位于另一个国家的一家网店,其成本都是一样的。金融科技公司和数据采集商已经在全球开展业务。对银行而言,其业务开展也比以往任何时候都更加便捷。在一个真正全球化的市场中,大型银行以一种前所未有的模式在世界各地经营自己的业务。毕竟,一旦建立区块链系统,在任何一个国家开展业务的成本只会是目前所需投资成本的一小部分,占领新市场的障碍不再是与信息技术相关的基础设施,而是强大的品牌。

然而,这并不一定意味着那些最有钱的机构将赢得品牌之战,历史遗留问题困扰市场营销的程度几乎和它们困扰信息技术一样。事实上,当前和过去的营销方法可能会阻碍银行有效使用自身的营销预算。尽管它们拥有巨大的品牌价值,却以碎片的形式分散在世界各地。许多银行在不同的市场设有几十个品牌,有时甚至在同一个国家，都设有多个品牌。这一现象通常是收购和局部调整的产物，因为通常我们会选择一定名称来反映地区性。然而，谷歌和亚马逊等公司却超越了这些习惯，因为这些公司是建立在全球化和互联时代。金融科技公司也非常相似。贝宝的出现可能不是一场技术革命，但它的崛起给我们的启示是：一个具有全球吸引力的数字品牌能够迅速获得认可，即使是在金融这一类较为枯燥的领域。一旦具备了全球品牌，企业就不需要雇佣大量营销人员来就自身品牌进行标识营销，也不需要视觉标识和文字形式的营销。如果它们赞助某个国际体育赛事，其影响将是广泛的，因为所有国家都会迅速认知其品牌。然而，对于银行来说，一个地区分行与国际银行集团以相同的方式推广品牌，会让人感觉不太寻常。最重要的是，信息技术巨头拥有用户每天都查看的界面。例如，每次用户在网上搜索时，都能看到谷歌的字体，而谷歌一分钱都不用花就已经取得了这样的效应。另外，当每次开启 iPad 或关闭 iMac 时，一个被咬掉一口的苹果标识都会映入你的眼帘。

除了品牌，地理位置也曾经是人们选择某家银行的主要因素。然而，这个"独特的销售主张"将不再适用于数字化时代。银行需要做到是统一形象，通过吸收本土品牌来集合自身品牌资产，从而在消费者心目中占据一定位置。德国 Fidor 银行和其他一些银行正在努力以自身的崭新业务模式来取代传统的金融机构。然而，银行还需要做更多的事情，它们必须发展自身不可被复制的独特优势，同时发展自身规模。这项工作需要巨大的前期投入，也是一项有风险的尝试，这些费用需要在很多年内进行摊销。

创建一个真正的全球品牌不仅仅意味着重新设计广告和企业宣传册。要在全球范围内强化自身的竞争力，企业在不同地区之间需

> 尽管银行拥有巨大的品牌价值，却以碎片的形式分散在世界各地。

要拥有相同的战略、传递相同的信息，但最重要的是，需要平等对待所有地区的客户。我们很难向某一国的客户解释为什么他们为一项服务支付的费用要高于另一国的客户；或者，我们很难解释为什么在某个地区不能开展某项特定业务。

国际强势品牌都会利用网络效应。如果世界越来越紧密、跨境交易越来越多，那么客户的支付方式将取决于企业的国际对手能够接受的内容。即使相隔千里，我们的对手也在使用同样的服务吗？它们知道这些品牌和产品吗？跨境用户同时熟知并使用同一金融品牌服务的可能性，要低于其同时熟知并使用谷歌、脸书、亚马逊甚至贝宝服务的可能性。这也正是为什么本地社交网络没有取得多大成功。例如，领英在任何一个地区都有很多挑战者，但是当你有一个全球范围都被广泛接受的产品选项时，为什么还去使用一些只能被当地认可的方案？在这里，一个可以接入所有银行的统一接口将会发挥作用。或许，就是像SWIFT这类的合作模式？

因此，区块链将打破国家壁垒，这一个功能将广受欢迎。竞争总是好的，有利于客户服务，有利于降低服务价格，也有利于行业创新。全球化的竞争甚至更好。将来，随着障碍的消除，以及越来越多的服务提供商可供用户选择,价格将会下跌,低价格也会逐渐降低未来的经济不平等性。几个世纪以来,自由市场原则一直是世界经济均衡发展的最大力量。区块链是这一动力的最新的扩张器,因为降低资本和支付的费用具有特殊的加速效果。在第 7 章中,我们将讨论能否以及如何实现这一愿望。

> 竞争总是好的,有利于客户服务,有利于降低服务价格,也有利于行业创新。

第7章
对某些人的绝妙承诺

神话：区块链将消除穷富差距。

通过解开资本约束从而释放市场自由

  与任何技术突破一样,区块链也引发了无数关于其伦理影响的讨论。由于其应用空间非常广阔,也引发了许多可怕的道德风险,但消除这些风险的同时也存在令人振奋的可能性。对于支付而言,在区块链的道德层面,我们会有四大主题:推动影子经济发展、消除传统就业机会、提振合法经济和促进全球金融平等。

  让我们首先看看第一个主题。区块链确实可以用于影子业务,这一事实吸引了公众的注意力,关注度超过其他任何话题。我们带着崇敬而不仅仅是冷静的态度说明,这一主题并不是最具道德影响力的维度,有一些例子表明,区块链可以作为一种向善的力量。想一想前面提到的丝绸之路网站的案例,这里的根本问题永远都是政府的控制是如何的必要和可取的。比特币机制使监管当局很难追踪非法活动,这包括资助恐怖分子和洗钱,以及在深网进行黑客攻击等。然而,与此同时,这项技术也能够为处于专制政权却努力保持独立的媒体提供资金支持。比特币拥护者为其辩护，认为比特币的阴暗一面并不是由其技术上的缺陷造成的，而是"被人滥用"的后果（Umeh，2016）。确实，现金同样可以被用作非法活动的工具，从这个角度看他们的观点是正确的。但有证据表明，比特币和地下市场之间存在着极强的关联性（Christin，2013）。如果银行能够驾驭这项技术使其受到监管约束，并且此项技术在深网所有坏的影响都被消除，那么区块链有望成为一股向善的力量。要做到这一点，银行必须使这项技术合法化。同样，这里的重复在于允许设定所有必要的技术控制环节的"中心化区块链"。然而，这并不是说比特币和其他非中心化应用程序都应该被禁止。在第2章中讨论的加拿大轻触式监管模式是解决这一问题的很好的做法，虽然我们不能控制在网络黑暗面发生的一切不当行为，但政府必须消除"肮脏"的加密价值被带入法律体系的可能性。可以通过对加密资产交易所进行监管，甚至给这些交易所设定准入许可，以及跟踪和分析加密货币走势来做到这一点。

业界对区块链的第二个批评是，这项技术将消除传统就业机会。而对于这一问题，监管部门却无能为力。在人类历史的大部分时段，非凡的经济增长都与自动化相关，但与此同时，自动化对其产生革命性影响的领域的就业水平确实产生了负面影响。因此，难怪有人担心区块链可能对当前的金融领域就业产生负面影响。这类批评是针对所有新技术的，无论是无人驾驶汽车还是网络商店，但归根结底，创新释放出的能力可用于其他领域。人类将会有更多被释放出的可以利用的能力，仅在美国就有620万人从事金融工作（SelectUSA，2016），英国有110万人（MacAskill、Jessop和Cohn，2017）。然而，技术真的对就业有这么大的影响吗？这些结论是否是那些神经紧张的记者和工会大佬们编造出来的?

让我们看看过去的类似技术突破。ATM 也许是银行业技术创新的最好例证,它使得人力资源变得过剩。在 ATM 被推出之前,银行员工,尤其是柜员通常都要进行非常单调的工作,即检查身份证明和账户余额、数钱和详细记录每一笔交易。第 3 章中花旗集团的案例很耐人寻味,这个案例讨论了 ATM 对员工工作的影响。事实胜于雄辩,当花旗集团推出这款神奇的机器时,分行员工的数量并没有直线下降。情况却恰恰相反,花旗银行的员工人数从 1977 年的 7 100 人上升到 1988 年的 8 400 人。但这怎么可能呢? 这项新技术使得员工的日常工作发生了变化,员工的工作从简单柜台服务变成了更具挑战的业务,如向上游销售(提供更高价值的产品或服务)和交叉销售产品等。此外,ATM 的推出使花旗银行在竞争中获得了前所未有的优势。客户不仅从竞争对手那里被争取过来,而且以前不怎么使用银行服务的人也开始办理银行业务,也许这些人不太愿意通过个人接触来办理银行业务,而实际上他们却更频繁地通过 ATM 来办理银行业务。花旗的市场扩大了(Glaser, 1988),员工也变得更加快乐,因为琐碎无趣的工作被更有趣的工作取代了。

花旗银行推出ATM时,分行员工人数并未骤降。

区块链也会带来一些正面的伦理影响，它有望提振合法经济、促进全球金融平等。根据预测，区块链每年将为银行节省150亿~200亿美元（Santander、Oliver Wyman 和 Anthemis Group，2015），这些资金将被投入其他经济领域。在投行业务中，区块链技术缩短了交易期限，从而释放出大量资金，在传统交易模式下，这些资金会被冻结，直到交易结算完成。区块链技术还支持简单的小额贷款，可以直接向市场注入新的和即时的资本。根据基础资金公司（Foundation Capital，2014）的估计，到2025年，众筹和P2P借贷的规模将达到1万亿美元，而在很大程度上，这只有通过区块链技术才能实现。当这些资金被再用于投资或消费时，将引发一波新的经济增长。在某种程度上，它可以与联合股份公司的发明或信用创造的历史相媲美。每当大量资金被释放时，经济繁荣就会随之而来。人们有更多的资金投入工业、技术和研发上，反过来，这些资金最终会提高人们的生活质量。

因此，经济发展会使人们变得更加富裕，同时，越来越多的人能够获得廉价的银行服务。我们可以预期，无银行服务的人数也将下降。同时将有更多的人群可以获得银行服务，从而他们的个人财务状况也会得到改善。然而，成熟市场的增长很快就会达到顶峰。从风险和收益角度来衡量，以前那些不被人们看好的地区，可能会成为新的经济增长点。

史上最大规模的市场扩张——将面对20亿未开户用户

因此，区块链有可能在发展中国家拥有光明的未来，因为它可

> 如果账户服务和转账服务变得更便宜，那么我们可以预期金融平等性将得到提升。

以在一种制度下，提供一个平行的结构，使得在无银行服务的地区以很低的费率转移资金。事实上，所谓的比特币市场潜力指数（bitcoin market potential index；Hileman，2015）——这是一个根据国家情况来量化比特币成功概率的指标，确实将阿根廷、委内瑞拉和许多撒哈拉以南非洲国家排在了榜首。高企的通货膨胀率、金融危机和地下经济的活力是决定该指数高低的主要驱动力。这些棘手的问题促成了一个名为比特国（Bitnation）的激进组织的梦想，它甚至试图用分布式账本和智能合约取代国家垄断。

但让我们看一下事实。到目前为止，只有一些传闻性证据表明人们正在使用比特币。为什么会是这样呢？首先，覆盖所有无银行服务群体这一说法被大大虚夸了，人们仅仅拥有一部智能手机是不够的。并非所有的这 10 亿无银行服务的智能手机用户都有能力运行必须的应用程序（RanganandLee，2010），这些用户的大多数都在使用未升级的软件，或者使用过时的硬件。此外，加密货币非常不易上手。而在世界上较贫穷地区，人们对加密货币的认知很少或者根本没有认知。对于那些有些加密货币意识的人来说，由于担心网络的安全性或交易所破产而失去这些加密资产，可能也会让他们对加密货币望而却步。即使奇迹发生，你可以做到让所有无银行服务的客户使用比特币，并且无惧加密货币的弊端，实现金融平等的愿望也仅仅是幻想而已。为什么是这样呢？因为比特币和其他发行去中心化的加密货币的初创企业，在最被需要的信用服务方面，其金融包容性却相对较弱。能做到转移资金虽然很诱人，但是如果一开始没有什么值钱的资产可以转移的话，那么转移资金这个能力也不会给企业带来太多帮助。为了提供信贷服务，企业需要具备流动性、风险专家和资金稳定机制，而单靠一个算法是无法做到这一点的。P2P借贷对于这一点将有所帮助，但很有局限性。

所以很明显，对如比特币消除贫困、智能合约消除专政等社会问题的快速解决方案，并不是像最初预期的那样会快速出现。与其关注这些问题，不如重点关注银行和数据采集商对以区块链为后端引擎的法定货币可以做些什么。这将会给当前体系带来一个缓慢的，但颇具实质性的改善。这种变化具有巨大的潜力，但会比预期花更长的时间。目前约有20亿人被排除在金融体系之外（World Bank Group，2015）。有些人主动做出这样的选择，但大多数人却是没有其他选择的。造成这一现象的根本原因是，要么基础设施不可用，要么是成本太高，只有少数人能负担得起。虽然在美国和欧洲，有银行服务和无银行服务的人之间确实存在一定鸿沟，但实际上，这更是发展中国家的一个问题。在发展中国家，只有51%的人口设有账户，而经济合作与发展组织（OECD）却达94%（World Bank Group，2015）。美欧银行越来越想回避国际市场，甚至全面退出国际市场，这使得情况更加恶化。我们在此可以想一下，花旗银行是如何将美国以外的业务剥离出去的。2007年，花旗银行拥有50家外国子公司；而10年后，只剩下了19家。欧洲银行业也一直在以同样的速度削减海外业务，而中资银行正呈现出相反的趋势（*The Economist*，2017），但其能否弥补因美欧银行的退出所造成的各国经济失衡，让我们拭目以待。有一点是对的，银行服务过剩不会导致贫困，银行服务不足会加剧贫困，这一简单道理，许多密码爱好者还没有意识到。当没有合法的金融机构时，人们就无法保护自己的财产，也没有资源进行投资，最终黑心的高利贷者将填补这一空白，他们会收取惊人的利率，也不可避免地会导致人们违约破产。而且，由于高利贷者的非法操作，这些违约可能会给客户带来可怕的后果。非法资本来源会加剧富人和穷人之间的鸿沟，使整个有组织犯罪网络在没有合法替代办法的情况下得以蓬勃发展，这种情况会恶性循环。因此，只有金融不平等程度下降，经济不平等程度也才能有所下降。这时资本增值所创造的税收才会流入国库，法治秩序才会得到加强。

然而，金融真空地带并不总是必须由冷酷、折磨人的讨债人来填补。缺乏有效的金融市场会使人们失去证券和基金，从而减缓经济的发展进程。在那些存在金融机构，但几乎没有竞争的地区，费用和利息水平都很高，这会使得人们不愿使用这些金融服务，从而

> 银行服务过剩不会导致贫困，银行服务不足会加剧贫困。

抑制经济增长。这时候区块链可以提供帮助,通过大幅削减价值存储和资金转移的成本,社会获得金融服务的机会应该会激增,从而提高人们的生活水平,并有助于在一个经济体中实现更多的平等,而这种平等反过来将推动宏观经济增长,并缩小国家间的差距。

由于区块链可以降低目前高得可怕的汇款成本,使得那些贫困经济体可以从中获得另一种形式的现金注入。这与人们普遍的观点相反,西方国家流入发展中国家的最大资金不是以外国援助形式,也不属外国直接投资,而是侨民寄回家的汇款。例如,在海地,仅2015年就有25%的国内生产总值(GDP)由汇款构成。而在菲律宾,这一比例约为10%(FRED,2017a,2017b)。在汇款中,支付高达7%的费用是很常见的,因为这笔钱在到达目的地之前会被冻结好几个星期。举一个例证,初创公司阿布拉是如何展示区块链技术能够消除这些费用,并能够立即释放资金的。阿布拉使用比特币和与之密切相关的加密货币莱特币将每一部智能手机变成与之相连的网络上其他成员的提款机。然而,如果没有法定货币,汇款解决方案将面临另一个挑战,即其需要有具备足够流动性的货币市场。同样,大幅削减汇款只是一个碎片,尽管其可以阻止一些资金从金融体系中流出,但发展中国家更需要的是在所有层面上进行系统的改革,包括交易、价值存储和贷款服务。如果法定货币和银行继续被区块链社区拒绝,这种改革将永远不会发生。

银行业沙漠化和地方分化的威胁

因此,前景很简单,随着区块链技术使金融服务变得更加便宜，银行可以抓住 10 亿新客户，从而使这些不发达地区摆脱贫困和绝望。遗憾的是，这个场景依赖于另一个常见的误解，那就是区块链交易是免费的。在这里，我们不仅仅是在谈论比特币交易，尽管它的价格一直在飙升，在 2017 年 12 月中旬，比特币每笔交易的平均费用为 28 美元（Browne，2017）。这里我们确实是在谈论高效的中心化解决方案，解决验证难题的算法需要消耗能量，并且依赖于信息技术的基础设施，这些系统需要设置和维护。做到这些都需要花钱。然而尽管如此，区块链交易免费的神话依然存在。

我们这里谈论的成本远远超出了技术层面，如打击洗钱和恐怖主义融资、遵守经济制裁、建立品牌和产品营销等，都需要大量的资金注入。谷歌的搜索引擎展示了地区扩张的成本远远高于其他被人熟知的起到同等作用的信息技术解决方案。我们不能忘记，银行是一个赚钱的机构。在继续我们的讨论之前，这里有一个问题，我们之前提出"免费"基础服务的可行的商业模式呢？这里的一个关键点是，这种模式依赖于某种交叉销售或追加销售，也就是说，银行的收入不是来自银行账户的附加费用，而是来自贷款和保险等业务。但是这些产品在没有购买力的地区很难销售，如果几乎没有交叉销售盈利产品的潜力，为什么有人会首先花力气建立和维护免费产品？信贷和保险等高风险产品对贫困地区的客户来说更为价格昂贵，这一事实进一步削弱了这种意图。一个简单的事实是，银行需要赚更多的钱来弥补高违约率，而与强劲的经济形势相比，贫困地区的人们更有可能无力偿付欠款。因此，不可否认的事实会是索马里的利率将比瑞典更糟糕。

很自然，银行业务发展会转向利润更高的地区，从而会留下一个被称为"银行沙漠"（banking deserts）的真空地带。这些地区往往是地广人稀，这里的人口无法或只能有限地获得金融服务。在第5章中，我们讨论了银行分行的关闭对个人和中小企业均存在长期破坏性影响。银行间的竞争强度与一个地区的经济健康密不可分。甚至那些只有一两个机构存在的较为温和的银行沙漠地带，人们也很难获得现金，金融服务十分昂贵。通常，本土银行只提供高利润率的服务，这会阻碍地区经济增长。例如，工资日贷款（payday lending）服务比长期贷款更昂贵，但在缺乏替代方案的情况下，人们也只好求助于这种利息沉重的信贷工具。

因此，最终区块链的出现可能会产生与引入大型商场时类似的效果。尽管大型商场提供了更便宜的服务，但如果不能盈利，那么整个地区都会面临因为商场撤离，最终得不到任何服务的风险。在这种情况下，成本优势将传递到竞争对手众多的地区的客户。因此，那些已经富裕起来的群体会看到其成本下降的趋势，而那些苦苦挣扎的群体却无法享受低成本。因此，区块链的成本削减特性实际上也可能会加剧不平等的程度，而不是缓解。

在贫穷国家，这种沙漠区域会更大，同时由于其他基础设施的缺失，常常导致对经济发展产生更大的影响。在高速公路年久失修、汽油价格昂贵的条件下，为了获得抵押贷款延期，你需要驾车去百里之外的一家银行分行办理手续并不是一个可行的方案。然而，这种现象并不是仅限于与城市中心隔绝的非洲偏远地区，以美国为例，有近20%的家庭的银行存款不足，有7%的家庭完全没有任何银行存款，这一群体往往是有色人种，他们很少接受正规教育且收入很低。除此之外，这些家庭中有高达10%的家庭在过去12个月为使用汇款服务而支付很高的汇款费用。在收入曲线中，低收入家庭的财务支出占比远远超过了高收入阶层。那么，有27.7%的无银行账户的受访者表示，他们不开账户的一个主要原因是账户太贵，这听起来很奇怪吗？有24%的受访者非常担忧银行的高额或不可预测的服务费用（FDIC，2016）。

这里不断扩大的差距产生了一个负螺旋效应，你为金融服务支付的钱越多，你的购买力越弱，你在金融服务提供商眼中的吸引力就越小；这反过来又导致价格不会被削减，甚至会变更高。然而，螺旋效应令人兴奋的一点是，它们也可以反过来转。因此，区块链技术可以利用一种内在的加速效应，当购买力越强时，无银行服务群体就越有吸引力，这一群体能够获得的资本也就越多。因此，区块链技术将是平等化的催化剂，但它将会有一条危险的发展路径，这可能会与区块链拥护者的想象非常不同。区块链的发展还将取决于许多其他因素，因为它如人工智能或大数据一样，是构成数字范示的一系列技术中的一个组成部分。区块链技术是最终深挖数字银行潜力和增强智能手机渗透力的关键。

希望之光

在历史的长河中，金融革命塑造了人类自身，这一革命往往会先于激进的社会和技术变革。正如我们在本书开头所看到的，金融发展与文字发展齐头并进，并用于跟踪货币交易。英国和欧洲的工业革命也是如此。17世纪的三大金融创新为工业革命铺平了道路，银行内部和银行间交易是第一个突破。银行分行可以将资金发送到整个金融机构网络，而不是仅限于一家银行的客户。阿姆斯特丹汇兑银行威瑟尔银行（Wisselbank）允许商人通过借记（debiting）自己的账户来贷记（credit）他人的账户（即出借资金）。然而，银行只能把放在金库里的钱借出去。尽管这避免了银行挤兑的可能性，即由于所有客户同时取款而使银行现金耗尽，但这意味着银行将无法实现后来被称为"部分准备金银行"（fractional reserve banking）或被简单称为"信用创造"（credit creation）的业务。信用创造是第二个重大突破，这种业务模式是在17世纪中叶出现的，银行实现了从其他存款人处吸收存款，同时将存款资金借出给贷款人的业务。这种业务模式为经济发展注入了大量"看不见"的资金，为工业革命发展提供了资金。第三个重大突破是英格兰银行的创立，英格兰银行成为第一家拥有发行纸币垄断权的银行，这家银行是一家典型的中央银行（Ferguson，2008）。你现在可能会问，这一切都很重要吗？为什么金融历史对区块链的发展很重要？很简单，因为它说明了一点，即伴随着金融发展，人们的生活水平在逐步改善。资本的可获得性对于经济和社会的所有其他部门的发展都至关重要。不管这种模式有多大影响力，也不管推动其增长的主要资源是什么，资金的可用性和流动性决定了这种模式的有效性。数据可能是

数据或许是21世纪的石油，但经济发展对于资本的需求从未改变。

21 世纪的石油，但经济发展对资本的需求永远不会改变，它是人类进步机器中一成不变的润滑剂。如今，资本的流通确保了数据以合适的方式被收集、存储和分析。正如资本确保了石油的开采、提炼和运输过程的顺利执行一样。

区块链拥护者认为，区块链技术会充斥人类生活的每一个环节，但事实是，区块链的作用不必非得大到如此程度才有所作为。如果它所做的只是强化金融体系，那么大多数人都会看到区块链的好处。从文字的发明以及工业革命中汲取的经验教训可以转移到密码学和分布式计算上，这听起来似乎有些牵强？这样说很公平，但是我们可以看一下那些远不如区块链的革命性更强的金融创新。大家还记得肯尼亚短信支付系统 M－Pesa 吗？一项发表在《科学》杂志的研究发现，如果能够获得流动资金，可以使肯尼亚贫困家庭数量减少达 192 000 户（2%），同时可以刺激长期消费。除此之外，它还可以提高女性的社会地位，因为由女性主导的家庭可以从 M－Pesa 中获利（Suri 和 Jack，2016），而一个国家的 192 000 户家庭已经代表了很多人。扩大金融，从而扩大经济，对一个社会的影响远远大于任何孤立的解决方案。区块链很可能是一个不可篡改的账本，基于此土地登记可以登记在账本上，但如果专制政权锁定了权力，这样做也就毫无意义。我们如果能把几十万甚至几百万人从贫困中解救出来，并让他们与现代金融体系对接起来，我们就可以勾画出另外一幅图画，这会给他们更多的选择，赋予他们更多的经济实力，最终赋予他们更多的政治权力。财务影响力是区块链所能提供的其他所有利益的基础，它不会一夜之间出现，但最终会到来。区块链的影响力将是可持续的，并已经被嵌入数字范式中，这一点就如同所有以前的金融创新被嵌入当时的范式中一样。

区块链巴别塔

要让这一点展示出来，我们必须把重点放在区块链的真正意义上。这本书的书名将区块链比喻成圣经中的巴别塔（通天塔），这是一种以色列人的暗喻，代表对那些伴随着新技术而来的傲慢的一种讽刺。区块链技术本身已经与它的应用被业界混为一谈，比特币虽然在技术上前途未卜，但已经被大肆宣传，区块链机制和术语也常常被业界混淆，各行各业都似乎被认定为会被颠覆。七大神话就像乌云一样悬浮于每一个讨论会上，这本书的目的就是澄清这些神话。如果仅仅是通过在会议和媒体上呼吁，以及在报纸的头版头条发表一些流行观点，我们很难看出区块链中最重要的特性。

区块链可能是化解两组巨人之间争斗的关键技术。银行与数据采集巨头这两组巨人的争斗已经拉开帷幕，这将是一场决战，数字巨头和初创企业相继征服了一个又一个行业，但当它们面对与自己能力相当的竞争对手时，它们的连胜势头却戛然而止。亚马逊征服了许多零售领域，但迄今为止，它在食品杂货领域还没有取得成功，因为沃尔玛是一个在体量和效率上都与之相当的庞然大物。亚马逊没有能够取代"本顿维尔野兽"[1]（Beast of Bentonville），显示出硅谷被世人认同的所向披靡的能力的一种局限性。与银行战争相类似，我们期待数据巨兽会与其他行业展开一场同样激动人心的战斗。在这场战斗中，数据巨头不会仅仅遭遇被动抵抗，巨头们拥有无数几乎不可征服的堡垒和足以让所有其他行业羡慕的战争弹药库。归根结底，这不是它们的生存遭遇挑战，而是其市场份额遭到了抢夺。

---

[1] 这里"本顿维尔野兽"暗指沃尔玛，因该公司总部位于美国阿肯色州本顿维尔。——译者注

> 区块链可能是化解开两组巨人——银行与数据巨头之间争斗的关键技术。

因此，如果你碰巧卷入这场战斗，请牢记，数据巨头之所以如此成功是因为它以客户为中心。沃尔玛就是如此，它之所以成功地抵御了数据巨头的入侵，一部分原因是它的规模，但最主要和最重要的原因是它不仅仅是把客户放在第一位，而是所做的所有事情都围绕"以客户为中心"。银行还必须学会以客户为中心的理念，而不是以监管机构或合规为中心，银行必须调整前端和后端所有流程以满足客户的需求。

如果你不是在前线，而只是一个感兴趣的观众，那么你可以坐下来享受这段旅程。因为在所有不确定因素中，有一点是肯定的，随着自由市场竞争力量压低银行服务成本，你将会是受益的一方。战斗越激烈，你就会越享受这段旅程。

参考文献

引言

Ali, R *et al* (2014) Innovations in payment technologies and the emergence of digital currencies, *Bank of England Quarterly Bulletin*, Q3, pp 1–14

Bovaird, C (2016) [accessed 15 February 2018] Bitcoin Price Climbs Over 50% in First Half of 2016, *CoinDesk*, 12/07 [Online] http://www.CoinDesk.com/bitcoin-price-h1-report-2016/

Burne, K and Sidel, R (2017) [accessed 15 February 2018] Hackers Ran Through Holes in Swift's Network: Payment-Transfer Network Left Banks Largely Responsible For Their Own Cyberdefense; Old Passwords at Bangladesh's Central Bank, *The Wall Street Journal*, 30/04 [Online] https://www.wsj.com/articles/hackers-ran-through-holes-in-swifts-network-1493575442

Coinometrics (2015) in Skinner, C (2016) *Value Web: How fintech firms are using mobile and blockchain technologies to create the internet of value*, Marshall Cavendish Business, Singapore

Dimon, J (2015) [accessed 20 August 2018] JP Morgan Chase & Co, Annual Report 2014 [Online] http://files.shareholder.com/downloads/ONE/15660259x0x820077/8af78e45-1d81-4363-931c-439d04312ebc/JPMC-AR2014-LetterToShareholders.pdf

Donnelly, J (2016) [accessed 15 February 2018] Why Bitcoin's Halving Was a Boring Vindication, *Coindesk*, 16/07 [Online] http://www.CoinDesk.com/bitcoin-halving-event-boring-vindication-software/

Eyal, I and Gün Sirer, E (2014) [accessed 15 February 2018] Majority Is Not Enough: Bitcoin Mining is Vulnerable, *The 18th International Conference on Financial Cryptography and Data Security (FC), Barbados* [Online] https://arxiv.org/abs/1311.0243

Franco, P (2015) *Understanding Bitcoin: Cryptography, engineering and economics*, Wiley Finance Series, Chichester

Heires, K (2016) The risks and rewards of blockchain technology, *Risk Management* (March), pp 4–7

Hertig, A (2018) [accessed 15 February 2018] How To Save On Bitcoin's Soaring Fees, *CoinDesk*, 23/01 [Online] https://www.coindesk.com/save-bitcoins-soaring-fees/

Hileman, G (2016) [accessed 15 February 2018] State of Bitcoin and Blockchain 2016, *CoinDesk*, 01/02 [Online] http://www.CoinDesk.com/state-of-bitcoin-blockchain-2016/

Kaminska, I (2014) [accessed 15 February 2018] Bitcoin's Wasted Power – and How It Could Be Used to Heat Homes, *Financial Times*, 05/09 [Online] https://www.ft.com/content/384a349a-32a5-11e4-93c6-00144feabdc0

Leising, M (2015) [accessed 15 February 2018] The Blockchain Revolution Gets Endorsement in Wall Street Survey, *Bloomberg News*, 22/07 [Online] http://www.bloomberg.com/news/articles/2015-07-22/the-blockchain-revolution-gets-endorsement-in-wall-street-survey

McCook, H (2014) [accessed 15 February 2018] Under the Microscope: Economic and Environmental Costs of Bitcoin Mining, *CoinDesk*, 21/06 [Online] http://www.CoinDesk.com/microscope-economic-environmental-costs-bitcoin-mining/

Nakamoto, S (2008) [accessed 15 February 2018] Bitcoin: A Peer-to-Peer Electronic Cash System [Online] https://bitcoin.org/bitcoin.pdf

Peters, G and Panayi, E (2015) [accessed 15 February 2018] Understanding Modern Banking Ledgers through Blockchain Technologies: Future of Transaction Processing and Smart Contracts on the Internet of Money, *Cornell University*, 18/11 [Online] https://arxiv.org/pdf/1511.05740.pdf

Santander InnoVentures, Oliver Wyman and Anthemis (2015) [accessed 15 February 2018] The Fintech 2.0 Paper: Rebooting Financial Services [Online] http://santanderinnoventures.com/wp-content/uploads/2015/06/The-Fintech-2-0-Paper.pdf

Skinner, C (2016) *Value Web: How fintech firms are using mobile and blockchain technologies to create the internet of value*, Marshall Cavendish Business, Singapore

Swan, M (2015) *Blockchain: Blueprint for a new economy*, O'Reilly Media Inc, Sebastopol, CA

Tapscott, D and Tapscott, A (2016) *Blockchain Revolution: How the technology behind bitcoin is changing money, business, and the world*, Penguin Random House, New York

The Economist (2015) Briefing blockchains: the great chain of being sure about things, *The Economist*, 31/10, pp 21–24

The Economist (2016) [accessed 15 February 2018] The World If – If Financial Systems Were Hacked, *The Economist,* 16/6 [Online] http://worldif.economist.com/article/12136/joker-pack

The Economist (2017) [accessed 15 February 2018] Why Everything Is Hackable: Computer Security Is Broken From Top To Bottom, *The Economist*, 08/04 [Online] https://www.economist.com/news/science-and-technology/21720268-consequences-pile-up-things-are-starting-improve-computer-security

The Nilson Report (2017) [accessed 15 February 2018] Card Fraud Losses Reach $22.80 Billion, *The Nilson Report*, 1118 (October) [Online] https://www.nilsonreport.com/publication_the_current_issue.php

Umeh, J (2016) Blockchain: Double Bubble or Double Trouble, *ITNOW* (March), pp. 58–61

Walport, M (2016) [accessed 15 February 2018] Distributed Ledger Technology: Beyond Block Chain – A Report by the UK Government Chief Scientific Adviser [Online] https://www.gov.uk/government/uploads/system/uploads/attachment_data/file/492972/gs-16-1-distributed-ledger-technology.pdf

Wild, J, Arnold, M and Stafford, P (2015) [accessed 15 February 2018] Technology: Banks Seek the Key to Blockchain: Financial Groups Race to Harness the Power of the Bitcoin Infrastructure to Slash Costs, *Financial Times*, 1/11 [Online] https://next.ft.com/content/eb1f8256-7b4b-11e5-a1fe-567b37f80b64

Wile, R (2013) [accessed 15 February 2018] 927 People Own Half of Bitcoin, *Business Insider*, 10/12 [Online] http://www.businessinsider.com/927-people-own-half-of-the-bitcoins-2013-12?IR=T

第1章

Ali, R *et al* (2014) Innovations in payment technologies and the emergence of digital currencies, *Bank of England Quarterly Bulletin*, Q3, pp 1–14

Baxendale, G (2016) Can Blockchain Revolutionise ERPs?, *ITNOW* (March), pp 38–39

Chaum, D (1983) Blind signatures for untraceable payments, *Advances in Cryptology Proceedings*, **82** (3), pp 199–203

Christensen, C (1997) *The Innovator's Dilemma: When technologies cause great firms to fail*, Harvard Business School Press, Boston, MA

Coinmarketcap (2018) [accessed 15 February 2018] Cryptocurrency Market Capitalizations [Online] https://coinmarketcap.com/currencies/ethereum/

Danneels, E (2004) Disruptive technology reconsidered: a critique and research agenda, *Journal of Product Innovation Management*, **21**, pp 246–58

eMarketer (2016) [accessed 15 February 2018] Worldwide Retail eCommerce Sales Will Reach $1.915 Trillion This Year [Online] https://www.emarketer.com/Article/Worldwide-Retail-Ecommerce-Sales-Will-Reach-1915-Trillion-This-Year/1014369

European Commission [accessed 15 February 2018] Factsheet on the 'Right To Be Forgotten' Ruling (C-131/12) [Online] http://ec.europa.eu/justice/data-protection/files/factsheets/factsheet_data_protection_en.pdf

Franco, P (2014) *Understanding Bitcoin: Cryptography, engineering and economics*, John Wiley & Sons, Chichester

Freeman, C (1982) *The Economics of Industrial Innovation*, Frances Pinter, London

Freeman, C (1987) *Technology Policy and Economic Performance: Lessons From Japan*, Pinter, London

Freeman, C and Perez, C (1988) Structural crisis of adjustment: business cycles and investment behaviour, in *Technical Change and Economic Theory*, ed G Dosi *et al*, pp 38–66, Frances Pinter, London

Gartner (2015) [accessed 15 February 2018] *Gartner, IoT Report, November 2015*, Press release from 10 November 2015, Gartner Says 6.4 Billion Connected 'Things' Will Be In Use In 2016, Up 30 Percent From 2015 [Online] http://www.gartner.com/newsroom/id/3165317

Hileman, G (2016) [accessed 15 February 2018] State of Bitcoin and Blockchain 2016, *CoinDesk*, 01/02 [Online] http://www.CoinDesk.com/state-of-bitcoin-blockchain-2016/

Internet World Stats (2017) [accessed 15 February 2018] Internet Usage Statistics: The Internet Big Picture [Online] http://www.internetworldstats.com/stats.htm

Intuit (2012) [accessed 15 February 2018] GoPayment Survey Estimates $100 Billion in Missed Sales for Small Businesses that Deny Plastic,

Investor Relations, 22/05 [Online] http://investors.intuit.com/Press-Releases/Press-Release-Details/2012/GoPayment-Survey-Estimates-100-Billion-in-Missed-Sales-for-Small-Businesses-that-Deny-Plastic/default.aspx

Kiesnoski, K (2017) [accessed 15 February 2018] The Top 10 US Companies by Market Capitalization, *CNBC*, 24/10 [Online] https://www.cnbc.com/2017/03/08/the-top-10-us-companies-by-market-capitalization.html

Kulaev, S (2015) [accessed 15 February 2018] Nearly Half of Mortgage Borrowers Don't Shop Around When They Buy a Home, *Consumer Financial Protection Bureau*, 13/01 [Online] https://www.consumerfinance.gov/about-us/blog/nearly-half-of-mortgage-borrowers-dont-shop-around-when-they-buy-a-home/

McKinsey (2017) [accessed 15 February 2018] Payments: On the Crest of the Fintech Wave, *Report May* [Online] https://www.mckinsey.com/industries/financial-services/our-insights/payments-on-the-crest-of-the-fintech-wave

NASDAQ (2016) [accessed 15 February 2018] Building on the Blockchain, *MarketInsite*, 23/03 [Online] http://business.nasdaq.com/marketinsite/2016/Building-on-the-Blockchain.html

Oliver Wyman and Euroclear (2016) [accessed 15 February 2018] Blockchain in Capital Markets: The Prize and the Journey, *Report*, February [Online] http://www.oliverwyman.com/content/dam/oliver-wyman/global/en/2016/feb/BlockChain-In-Capital-Markets.pdf

Peachey, K (2017) [accessed 15 February 2018] Mobiles 'Fast Replacing' Bank Branch Visits, *BBC*, 28/06 [Online] http://www.bbc.com/news/business-40421868

Perez, C (2009) Technological revolutions and techno-economic paradigms, *Working Papers in Technology Governance and Economic Dynamics*, 20, pp 1–16

Peters, G, Chapelle, A and Panayi, E (2014) [accessed 15 February 2018] Opening Discussion on Banking Sector Risk Exposures and Vulnerabilities from Virtual Currencies: An Operational Risk Perspective [Online] https://arxiv.org/ftp/arxiv/papers/1409/1409.1451.pdf

Pilcher, J (2017) [accessed 15 February 2018] Branches in Decline: Last One Out, Turn Off the Lights, *The Financial Brand*, 11/07 [Online] https://thefinancialbrand.com/66228/bank-credit-union-branch-traffic/

Pureswaran, V and Brody, P (2015) [accessed 15 February 2018] Device Democracy: Saving the Future of the Internet of Things, *IBM Report* [Online] http://www-935.ibm.com/services/multimedia/GBE03620USEN.pdf

Santander InnoVentures, Oliver Wyman and Anthemis (2015) [accessed 15 February 2018] The Fintech 2.0 Paper: Rebooting Financial Services [Online] http://santanderinnoventures.com/wp-content/uploads/2015/06/The-Fintech-2-0-Paper.pdf

Skinner, C (2016) [accessed 15 February 2018] *Value Web: How FinTech firms are using mobile and blockchain technologies to create the internet of value*, Marshall Cavendish Business, Singapore

Statista (2017) PayPal – Statistics & Facts [Online] https://www.statista.com/topics/2411/paypal/

Swan, M (2015) [accessed 15 February 2018] *Blockchain: Blueprint for a new economy*, O'Reilly Media Inc, Sebastopol, CA

Szabo, N (1997) [accessed 15 February 2018] Formalizing and Securing Relationships on Public Networks, *First Monday*, **2** (9) [Online] http://firstmonday.org/article/view/548/469

Tapscott, D and Tapscott, A (2016) *Blockchain Revolution: How the technology behind bitcoin is changing money, business, and the world*, Penguin Random House, New York

The Economist (2015) Briefing blockchains: the great chain of being sure about things, *The Economist*, 31/10, pp 21–24

The Economist (2017) [accessed 15 February 2018] For American Express, Competition Will Only Intensify: As Kenneth Chenault Departs, What Does the Future Hold for Amex? *The Economist*, 28/10 [Online] https://www.economist.com/news/finance-and-economics/21730639-kenneth-chenault-departs-what-does-future-hold-amex-american

The Nilson Report (2017a) [accessed 15 February 2018] POS Terminal Shipments Worldwide, *The Nilson Report*, 1114 (July) [Online] https://www.nilsonreport.com/publication_newsletter_archive_issue.php?issue=1114

The Nilson Report (2017b) [accessed 15 February 2018] Card Fraud Losses Reach $22.80 Billion, *The Nilson Report*, 1118 (October) [Online] https://www.nilsonreport.com/publication_the_current_issue.php

Tushman, M and Anderson, P (1986) Technological discontinuities and organizational environment, *Administrative Science Quarterly*, **1** (3), pp 429–65

Walport, M (2016) [accessed 15 February 2018] Distributed Ledger Technology: Beyond Block Chain – A Report by the UK Government Chief Scientific Adviser [Online] https://www.gov.uk/government/uploads/system/uploads/attachment_data/file/492972/gs-16-1-distributed-ledger-technology.pdf

第2章

Biryukov, A, Khovratovich, D and Pustogarov, I (2014) [accessed 15 February 2018] Deanonymisation of Clients in Bitcoin P2P Network, *Proc. 2014 ACM SIGSAC Conf. Computer and Communication Security*, pp 15–29 [Online] https://arxiv.org/pdf/1405.7418.pdf

Brennan, S (2018) [accessed 15 February 2018] Contortions for Compliance: Life Under New York's BitLicense, *Coindesk*, 21/01 [Online] https://www.coindesk.com/contortions-compliance-life-new-yorks-bitlicense/

Brito, J and Castillo, A (2013) [accessed 15 February 2018] Bitcoin: A Primer for Policymakers, *Mercatus Center (George Mason University)* [Online] https://www.mercatus.org/system/files/Brito_BitcoinPrimer.pdf

Canadian Senate (2015) [accessed 15 February 2018] Digital Currency: You Can't Flip This Coin, *Report on the Standing Committee on Banking, Trade and Commerce* [Online] https://sencanada.ca/content/sen/Committee/412/banc/rep/rep12jun15-e.pdf

Coinmarketcap (2018) [accessed 15 February 2018] Cryptocurrency Market Capitalizations [Online] https://coinmarketcap.com/currencies/

Decker, S and Surane, J (2018) [accessed 15 February 2018] BofA Tops IBM, Payments Firms With Most Blockchain Patents, *Bloomberg*, 16/01 [Online] https://www.bloomberg.com/news/articles/2018-01-16/bofa-tops-ibm-and-payments-firms-with-most-blockchain-patents

Desjardins, J (2015) [accessed 15 February 2018] All of the World's Money and Markets in One Visualization, *The Money Project*, 17/12 [Online] http://money.visualcapitalist.com/all-of-the-worlds-money-and-markets-in-one-visualization/?link=mktw

Deutsche Bank (2016) [accessed 15 February 2018] White Paper: FinTech 2.0: Creating New Opportunities through Strategic Alliance, *White Paper*, February [Online] http://cib.db.com/insights-and-initiatives/white-papers/FinTech_2_0_Creating_new_opportunities_through_strategic_alliance.htm

Euro Banking Association (2015) [accessed 15 February 2018] Cryptotechnologies, a Major IT Innovation and Catalyst for Change: 4 Categories, 4 Applications and 4 Scenarios: An Exploration for Transaction Banking and Payment Professionals, *Report*, 11/05 [Online] http://www.the-blockchain.com/docs/Euro%20Banking%20Association%20-%20 Cryptotechnologies%20-%20%20a%20major%20IT%20innovation.pdf

Ferguson, N (2008) *The Ascent of Money: A financial history of the world*, Penguin Books, London

Goodhart, C (1988) *The Evolution of Central Banks*, MIT Press, Cambridge, MA

Hileman, G (2016) [accessed 15 February 2018] State of Bitcoin and blockchain 2016, *CoinDesk*, 01/02 [Online] http://www.CoinDesk.com/state-of-bitcoin-blockchain-2016/

Jones, G and Hill, C (2012) *Theory of Strategic Management*, South-Western CENGAGE Learning

Kharif, O (2014) [accessed 15 February 2018] Bitcoin: Not Just for Libertarians and Anarchists Anymore: Bitcoin Draws Consumers and Businesses Even as its Value Slides, *Bloomberg Business*, 9/10 [Online] https://www.bloomberg.com/news/articles/2014-10-09/bitcoin-not-just-for-libertarians-and-anarchists-anymore

MacMillan, I and McGrath, R (2000) Technology Strategy in Lumpy Market Landscapes, in *Wharton on Managing Emerging Technologies*, ed G Day, P Shoemaker and R Gunther, pp 150–71, Wiley, New York

Möser, M, Böhme, R and Breuker, D (2013) An inquiry into the money laundering tools in the bitcoin ecosystem, *Proceedings of the 2013 eCrime Researchers Summit*, IEEE

Nikkei (2017) [accessed 15 February 2018] Japan-South Korea Blockchain Payments Enter Trials Friday, *Asian Review*, 13/12 [Online] https://asia.nikkei.com/Business/Deals/Japan-South-Korea-blockchain-payments-enter-trials-Friday?n_cid=NARAN012Nissen, H, Damerow, P and Englund, R K (1993) *Archaic Bookkeeping: Early writing techniques of economic administration in the ancient Near East*, University of Chicago Press, London

Peters, G and Panayi, E (2015) [accessed 15 February 2018] Understanding Modern Banking Ledgers through Blockchain Technologies: Future of Transaction Processing and Smart Contracts on the Internet of Money, *Cornell University*, 18/11 [Online] https://arxiv.org/pdf/1511.05740.pdf

Russo, C (2017) [accessed 15 February 2018] Disrupting Finance: How the EU Payment Services Directive (PSD2) Will Impact the European Banking System, *Roland Berger*, 08/02 [Online] https://www.rolandberger.com/en/press/Disrupting-Finance-How-the-EU-Payment-Services-Directive-(PSD2)-will-impact-the-2.html

Skinner, C (2016) *Value Web: How FinTech firms are using mobile and blockchain technologies to create the internet of value*, Marshall Cavendish Business, Singapore

Son, H, Levitt, H and Louis, B (2017) [accessed 15 February 2018] Jamie Dimon Slams Bitcoin as a 'Fraud', *Bloomberg Technology*, 12/09 [Online] https://www.bloomberg.com/news/articles/2017-09-12/jpmorgan-s-ceo-says-he-d-fire-traders-who-bet-on-fraud-bitcoin

Swan, M (2015) *Blockchain: Blueprint for a new economy*, O'Reilly Media Inc, Sebastopol, CA

Tapscott, D and Tapscott, A (2016) *Blockchain Revolution: How the technology behind bitcoin is changing money, business, and the world*, Penguin Random House, New York

Umeh, J (2016) Blockchain: double bubble or double trouble, *ITNOW*, March, pp 58–61

Van De Mieroop, M (1992) *Society and Enterprise in Old Babylonian Ur*, Reimer-Verlag, Berlin

Wild, J, Arnold, M and Stafford, P (2015) [accessed 15 February 2018] Technology: Banks Seek the Key to Blockchain: Financial Groups Race to Harness the Power of the Bitcoin Infrastructure to Slash Costs, *Financial Times*, 1/11 [Online] https://next.ft.com/content/eb1f8256-7b4b-11e5-a1fe-567b37f80b64

第3章

Accenture (2013) [accessed 15 February 2018] Banking 2020: As the Storm Abates, North American Banks Must Chart a New Course to Capture Emerging Opportunities, *Report* [Online] https://www.accenture.com/gr-en/~/media/Accenture/Conversion-Assets/DotCom/Documents/Global/PDF/Industries_3/Accenture-Banking-2020-POV.pdf

Bikker, J and Haaf, K (2002) Competition, concentration and their relationship: an empirical analysis of the banking industry, *Journal of Banking & Finance*, **26**, pp 2191–214

Brynjolfsson, E and McAfee, A (2014) *The Second Machine Age: Work, progress and prosperity in a time of brilliant technologies*, W W Norton & Company, New York

Chesbrough, H (2003) The governance and performance of Xerox's technology spin-off companies, *Research Policy*, **32** (3), pp 403–21

Christensen, C and Bower, J (1996) Customer power, strategic investment, and the failure of leading firms, *Strategic Management Journal*, **17** (3), pp 197–218

Citi GPS (2016) [accessed 15 February 2018] Digital Disruption: How Fintech is Forcing Banking to a Tipping Point [Online] https://www.nist.gov/sites/default/files/documents/2016/09/15/citi_rfi_response.pdf

Danneels, E (2004) Disruptive Technology Reconsidered: A Critique and Research Agenda, *Journal of Product Innovation Management*, **21**, pp 246–58

David, P (1989) Computer and dynamo: the modern productivity paradox in a not-too-distant mirror, University of Stanford, Palo Alto, CA: Working Paper Center for Economic Policy Research

Deloitte (2016) Blockchain and contactless card payments, *Nilson Report*, November, **1099**, pp 6–7

Deloitte and Efma (2016) [accessed 10 October 2018] Out of the Blocks: Blockchain: From Hype to Prototype [Online] https://www.efma.com/study/detail/25582

Deutsche Bank (2016) [accessed 15 February 2018] White Paper: FinTech 2.0: Creating New Opportunities through Strategic Alliance [Online] http://cib.db.com/docs_new/GTB_FinTech_Whitepaper_A4_SCREEN.pdf

Estrin, J (2015) [accessed 15 February 2018] Kodak's First Digital Moment, *New York Times*, 12/8 [Online] https://lens.blogs.nytimes.com/2015/08/12/kodaks-first-digital-moment/?_r=0#

Euro Banking Association (2015) [accessed 15 February 2018] Crypto-technologies, a Major IT Innovation and Catalyst for Change: 4 Categories, 4 Applications and 4 Scenarios: An Exploration for Transaction Banking and Payment Professionals, *Report*, 11/05 [Online] http://www.the-blockchain.com/docs/Euro%20Banking%20Association%20-%20Cryptotechnologies%20-%20%20a%20major%20IT%20innovation.pdf

Finextra and IBM (2016) [accessed 15 February 2018] Banking on Blockchain: Charting the Progress of Distributed Ledger Technology in Financial Services, *White Paper*, January [Online] https://www.finextra.com/finextra-downloads/surveys/documents/32e19ab4-2d9c-4862-8416-d3be94161c6d/banking%20on%20blockchain.pdf

Frost and Sullivan (2016) [accessed 15 February 2018] Global Rating of Direct Banks 2016: Benchmarking Direct Banks' Client Base, *Report*, October [Online] https://static.tinkoff.ru/news/2016/2016-10-04-global-rating-of-direct-banks.pdf

Glaser, P (1988) Using Technology for Competitive Advantage: The ATM Experience at Citicorp, in *Managing Innovation: Cases from the services industries*, ed B Guile and J Quinn, National Academy, Washington DC

Government Accountability Office (2013) [accessed 15 February 2018] Financial Institutions: Causes and Consequences of Recent Community Bank Failures: Testimony Before the Committee on Banking, Housing, and Urban Affairs, US Senate, *Statement of Lawrance L Evans*, 13/06 [Online] http://www.gao.gov/assets/660/655193.pdf

Grove, A (1996) [accessed 15 February 2018] *Only the Paranoid Survive*, Doubleday, New York

HBS (nd) [accessed 10 October 2018] [Online] https://www.hbs.edu/faculty/Pages/profile.aspx?facId=6532

Heires, K (2016) The risks and rewards of blockchain technology, *Risk Management*, (March), pp 4–7

Hileman, G (2016) [accessed 15 February 2018] State of bitcoin and blockchain 2016, *CoinDesk*, 01/02 [Online] http://www.CoinDesk.com/state-of-bitcoin-blockchain-2016/

Hill, C (1997) Establishing a standard: competitive strategy and technology standards in winner takes all industries, *Academy of Management Executive,* **11**, pp 7–25

Iansiti, M, McFarlan, W and Westerman, G (2003) Leveraging the Incumbent's Advantage, *MIT Sloan Management Review*, **44** (4), pp 58–64

Irrera, A (2017) [accessed 15 February 2018] Blockchain Consortium Hyperledger Loses Members, Funding: Documents, *Reuters*, 15/12 [Online] https://www.reuters.com/article/us-blockchain-consortium/blockchain-consortium-hyperledger-loses-members-funding-documents-idUSKBN1E92O4

King, B (2014) *Breaking Banks: The Innovators, Rogues, and Strategists Rebooting Banking*, John Wiley & Sons, Singapore

Levitt, T (1965) [accessed 15 February 2018] Exploit the Product Life Cycle, *Harvard Business Review*, **43** (6), pp 81–94 [Online] https://hbr.org/1965/11/exploit-the-product-life-cycle

Mac, R (2014) [accessed 10 April 2016] PayPal Takes Baby Step Toward Bitcoin, Partners with Cryptocurrency Processors, *Forbes* [Online] https://www.forbes.com/sites/ryanmac/2014/09/23/paypal-takes-small-step-toward-bitcoin-partners-with-cryptocurrency-processors/#410b7381311b

Miller, D (1990) *The Icarus Paradox*, Harper Business, New York

Mills, QM (1996) [accessed 15 February 2018] The Decline and Rise of IBM, *Sloan Review*, 15/07 [Online] https://sloanreview.mit.edu/article/the-decline-and-rise-of-ibm/

Porter, M (1979) How competitive forces shape industry, *Michael E. Porter on Competition and Strategy – Collection of Articles* (1991), Harvard Business Press, Cambridge, MA, pp 3–11

Porter, M (1980, reprint 1998) *Competitive Strategy: Techniques for analyzing industries and competitors*, Free Press, New York

Porter, M (1985) *Competitive Advantage*, Free Press, New York

Quinn, J and Baily, M (1994) Information technology: increasing productivity in services, *The Academy of Management Executive*, **8** (3), 28–48

Redman, J (2016) [accessed 15 February 2018] MasterCard Gets Serious with Four Blockchain Patents, *bitcoin.com*, 2/12 [Online] https://news.bitcoin.com/mastercard-four-blockchain-patents/

Shapiro, C (1989) The Theory of Business Strategy, *RAND Journal of Economics*, **20** (1), pp 125–37

Skinner, C (2016) *Value Web: How FinTech firms are using mobile and blockchain technologies to create the internet of value*, Marshall Cavendish Business, Singapore

Statista (2017) [accessed 20 August 2018] Number of Current Account Customers Gained and Lost By Leading Banks in the United Kingdom (UK) Via 'Current Account Switch Service' (CASS) in the Second Quarter 2017 [Online] https://www.statista.com/statistics/417599/current-account-switching-by-bank-gain-or-loss-uk/

Statista (2018) [accessed 15 February 2018] PayPal's Annual Revenue From 2010 to 2017 [Online] https://www.statista.com/statistics/382619/paypal-annual-revenue/

Sull, D (2003) *Revival of the Fittest: Why good companies go bad and how great managers remake them*, Harvard Business School Press, Boston, MA

Sutton, J (1992) Implementing game theoretical models in industrial economies, *Recent Developments in the Theory of Industrial Organization*, ed Alfredo Del Monte, pp 19–33, University of Michigan Press, Ann Arbor, MI

Synergy Research Group (2016) [accessed 15 February 2018] Amazon Leads; Microsoft, IBM & Google Chase; Others Trail, *Report*, 01/08 [Online] https://www.srgresearch.com/articles/amazon-leads-microsoft-ibm-google-chase-others-trail

Teece, D, Pisano, G and Shuen, A (1997) Dynamic capabilities and strategic management, *Strategic Management Journal*, **18**, pp 509–33

The Economist (2012) [accessed 15 February 2018] Remittances: Over the Sea and Far Away, *The Economist*, 19/05 [Online] www.economist.com/node/21554740

USBankLocations.com (2018) [accessed 15 February 2018] Banks Ranked by Number of Branches [Online] http://www.usbanklocations.com/bank-rank/number-of-branches.html

Utterback, J (1994) *Mastering the Dynamics of Innovation*, Harvard Business School Press, Boston, MA

Wolf, J (1912) *Die Volkswirtschaft der Gegenwart und Zukunft*, A Deichert, Leipzig

第4章

ACI Worldwide and Aite Group (2017) [accessed 15 February 2018] Global Consumer Survey: Consumer Trust and Security Perceptions [Online] https://www.aciworldwide.com/-/media/files/collateral/trends/2017-global-consumer-survey-consumer-trust-and-security-perceptions.pdf

Brand Finance (2017) [accessed 15 February 2018] Global 500 2017: The Annual Report on the World's Most Valuable Brands [Online] http://brandfinance.com/images/upload/global_500_2017_locked_website.pdf

Capgemini, LinkedIn and Efma (2018) [accessed 15 February 2018] World Fintech Report 2018, 27/02 [Online] https://www.capgemini.com/wp-content/uploads/2018/02/world-fintech-report-wftr-2018.pdf

Chandy, R and Tellis, G (2000) The incumbent's curse? Incumbency, size, and radical product innovation, *Journal of Marketing*, **64** (3), pp 1–17

China Economic Net (2017) [accessed 15 April 2018] China Outpaces US on Mobile Payments, 15/02 [Online] http://en.ce.cn/main/latest/201702/15/t20170215_20244626.shtml?utm_source=eNewsletterPro&utm_medium=email&utm_campaign=Smarter_Facility_Management_with_Smart_ID_Badging__1544

Christensen, C and Bower, J (1996) Customer power, strategic investment, and the failure of leading firms, *Strategic Management Journal*, **17** (3), pp 197–218

CGI Group (2017) [accessed 15 April 2018] CGI Global Payments Research 2017: Key Highlights and Observations [Online] https://www.cgi.com/sites/default/files/pdf/cgi-global-payments-research.pdf

Citi GPS (2016) [accessed 15 February 2018] Digital Disruption: How Fintech is Forcing Banking to a Tipping Point, March [Online] https://www.nist.gov/sites/default/files/documents/2016/09/15/citi_rfi_response.pdf

Coinometrics (2015) in Skinner, C (2016) *Value Web: How FinTech firms are using mobile and blockchain technologies to create the internet of value*, Marshall Cavendish Business, Singapore

Dahinden, U (2006) *Framing: Eine integrative theorie der massenkommunikation*, UVK, Konstanz

De, Nikhilesh (2017) [accessed 15 May 2018] Apple Patent Filing Hints at Blockchain Use, *Coindesk*, 07/12 [Online] https://www.coindesk.com/apple-patent-filing-hints-blockchain-timestamp-use/

Deutsche Bank (2016) [accessed 15 February 2018] White Paper: FinTech 2.0: Creating New Opportunities through Strategic Alliance, February [Online] http://cib.db.com/insights-and-initiatives/white-papers/FinTech_2_0_Creating_new_opportunities_through_strategic_alliance.htm

Dimon, J (2014) [accessed 15 February 2018] JP Morgan Chase & Co, Annual Report 2013, 09/04 [Online] http://online.wsj.com/public/resources/documents/040913dimon.pdf

Goldman Sachs (2015) The future of finance: the rise of the new shadow bank, *Equity Research*, 3 March

Heggestuen, J (2014) [accessed 15 February 2018] Alipay Overtakes PayPal as the Largest Mobile Payments Platform in the World, *Business Insider*, 11/02 [Online] http://www.businessinsider.de/

alipay-overtakes-paypal-as-the-largest-mobile-payments-platform-in-the-world-2014-2?r=US&IR=T

Heires, K (2016) The risks and rewards of blockchain technology, *Risk Management*, 1 March, pp 4–7

Klepper, S and Simons, K (2000) Dominance by birthright: entry to prior radio producers and competitive ramifications in the US television receiver industry, *Strategic Management Journal*, 21 (10–11), pp 997–1016

KPMG (2017) [accessed 15 February 2018] The Pulse of Fintech Q4 2016: Global Analysis of Investment in Fintech, 21/02 [Online] https://assets.kpmg.com/content/dam/kpmg/xx/pdf/2017/02/pulse-of-fintech-q4-2016.pdf

McKinsey Financial Services Practice (2017) [accessed 15 February 2018] Payments: On the Crest of the Fintech Wave, May [Online] https://www.mckinsey.com/industries/financial-services/our-insights/payments-on-the-crest-of-the-fintech-wave

Methe, D et al (1997) The underemphasized role of diversifying entrants and industry incumbents as the sources of major innovations, in *Strategic Discovery: Competing in new arenas*, ed H Thomas, D O'Neal and R Alvarado, pp 99–116, Wiley, New York

Nykiel, T (2014) [accessed 8 May 2018] Here's Why The Biggest Banks Are Pushing Apple Pay, *Business Insider*, 25/09 [Online] http://www.businessinsider.com/the-biggest-banks-are-pushing-apple-pay-2014-9?IR=T

Porter, M (1979) How Competitive Forces Shape Industry, in *Michael E. Porter on Competition and Strategy – Collection of Articles*, Harvard Business Press, Cambridge, MA, pp 3–11

PYMNTS (2017) [accessed 8 May 2018] Digital Wallets Dominated Social Media Conversations In 2016, 01/03 [Online] http://www.pymnts.com/news/security-and-risk/2017/digital-wallets-dominated-social-media-conversations-in-2016/

PYMNTS/INFOSCOUT (2018a) [accessed 8 May 2018] Mobile Wallet Adoption: Where Are We Now? [Online] https://www.pymnts.com/mobile-wallet-adoption-statistics/

PYMNTS.COM/INFOSCOUT (2018b) [accessed 8 May 2018] Apple Pay Wallet Adoption: Where Are We Now? [Online] https://www.pymnts.com/apple-pay-adoption/

Rothaermel, F (2001) Incumbents' advantage through exploiting complementary assets via interfirm cooperation, *Strategic Management Journal*, 22 (6–7), pp 687–99

Skinner, C (2016) *Value Web: How FinTech firms are using mobile and blockchain technologies to create the internet of value*, Marshall Cavendish Business, Singapore

Statista (2017) [accessed 15 May 2018] Number of Apps Available in Leading App Stores as of March 2017 [Online] https://www.statista.com/statistics/276623/number-of-apps-available-in-leading-app-stores/

Statista (2018) [accessed 15 May 2018] Funding and Investment of Blockchain Startup Companies Worldwide from 2012 to 2017 (In Million US Dollars) [Online] https://www.statista.com/statistics/621207/worldwide-blockchain-startup-financing-history/

Sundararajan, S (2018) [accessed 8 May 2018] Search Giant Baidu Launches Blockchain-as-a-Service Platform, 12/01 [Online] https://www.coindesk.com/search-giant-baidu-launches-blockchain-as-a-service-platform/

Synergy Research Group (2016) [accessed 15 February 2018] Amazon Leads; Microsoft, IBM & Google Chase; Others Trail, *Report*, 01/08 [Online] https://www.srgresearch.com/articles/amazon-leads-microsoft-ibm-google-chase-others-trail

The Economist (2017) [accessed 20 May 2018] Schumpeter: Harvard Business School Risks Going From Great To Good: A Confidential Memorandum of Warning To Its Senior Faculty, *The Economist*, 04/05 [Online] http://www.economist.com/news/business/21721681-confidential-memorandum-warning-its-senior-faculty-harvard-business-school-risks-going

Walmart (2015) [accessed 11 May 2018] Walmart Introduces Walmart Pay: Pay With Any iOS or Android Smartphone, Any Major Payment Type and at Any Checkout Lane – All Through the Walmart App, press release, 10/12 [Online] http://news.walmart.com/news-archive/2015/12/10/walmart-introduces-walmart-pay

Webster, K (2017) [accessed 20 April 2017] An Inconvenient Apple Pay Truth, *PYMNTS*, 10/04 [Online] http://www.pymnts.com/news/payment-methods/2017/apple-pay-adoption-down-and-so-is-the-hype-mobile-pay-usage/

Wild, J, Arnold, M and Stafford, P (2015) [accessed 15 February 2018] Technology: Banks Seek the Key to Blockchain: Financial Groups Race to Harness the Power of the Bitcoin Infrastructure to Slash Costs, *Financial Times*, 1/11 [Online] https://next.ft.com/content/eb1f8256-7b4b-11e5-a1fe-567b37f80b64

Yuanyuan, D (2016) [accessed 10 May 2018] Alibaba, Baidu and Tencent and Their New Online Banks, 26/12 [Online] http://fintechranking.com/2016/12/26/alibaba-baidu-and-tencent-and-their-new-online-banks/

第5章

Burke, A, van Steel, A and Thurik, R (2009) Blue ocean *versus* competitive strategy: theory and evidence, *ERIM Report Series Research in Management*, pp 1–25

Capgemini, LinkedIn and Efma (2018) [accessed 15 May 2018] World Fintech Report 2018, 27/02 [Online] https://www.capgemini.com/wp-content/uploads/2018/02/world-fintech-report-wftr-2018.pdf

Citi GPS (2016) [accessed 15 February 2018] Digital Disruption: How Fintech is Forcing Banking to a Tipping Point, March [Online] https://www.nist.gov/sites/default/files/documents/2016/09/15/citi_rfi_response.pdf

Danneels, E (2004) Disruptive technology reconsidered: a critique and research agenda, *Journal of Product Innovation Management*, **21**, pp 246–58

Deutsche Bank (2016) [accessed 15 February 2018] White Paper: FinTech 2.0: Creating New Opportunities Through Strategic Alliance, February [Online] http://cib.db.com/insights-and-initiatives/white-papers/FinTech_2_0_Creating_new_opportunities_through_strategic_alliance.htm

Goddard, J (1997) The architecture of core competence, *Business Strategy Review*, **8** (1), pp 43–52

Hansen, G and Wernerfelt, B (1989) Determinants of firm performance: the relative performance of economic and organizational factors, *Strategic Management Journal*, **10** (5), pp 399–411

Kahn, J (2016) [accessed 15 February 2018] London's Lonely Unicorn: Two Frugal Expats and Their Billion Dollar Startup, *Bloomberg*, 13/06 [Online] https://www.bloomberg.com/news/articles/2016-06-13/london-s-lonely-unicorn-two-frugal-expats-and-their-billion-dollar-startup

Khiaonarong, T and Liebenau, J (2009) *Banking on Innovation: Modernization of payment systems*, Physica-Verlag (Springer), Heidelberg

Kim, C and Mauborgne, R (2005) *Blue Ocean Strategy: How to create uncontested market space and make competition irrelevant*, Harvard Business Review Press, Boston, MA

King, B (2014) *Breaking Banks: The innovators, rogues, and strategists rebooting banking*, John Wiley & Sons, Singapore

Lewis, A and McKone, D (2016) *Edge Strategy: A new mindset for profitable growth*, Harvard Business Review Press, Boston, MA

Mata, F, Fuerst W and Barney, J (1995) Information technology and sustained competitive advantage: a resource-based analysis, *MIS Quarterly*, **19** (December), pp 487–505

Nguyen, HL (2014) [accessed 15 May 2018] Do bank branches still matter? The effect of closings on local economic outcomes, *Massachusetts Institute of Technology Working Paper*, December [Online] https://www.rhsmith.umd.edu/files/Documents/Departments/Finance/seminarspring2015/nguyen.pdf

Peachey, K (2017) [accessed 15 May 2018] Mobiles 'fast replacing' bank branch visits, BBC, 28/06 [Online] http://www.bbc.com/news/business-40421868

Penrose, E (1959) *The Theory of the Growth of the Firm*, Basil Blackwell, London

Porter, M (1979) How competitive forces shape industry, in *Michael E. Porter on Competition and Strategy – Collection of Articles* (1991), pp 3–11, Harvard Business Press, Cambridge, MA

Porter, M (1998 [1980]) *Competitive Strategy: Techniques for analyzing industries and competitors*, Free Press, New York

Porter, M (1985) *Competitive Advantage*, Free Press, New York

Powell, T (1992a) Organizational alignment as competitive advantage, *Strategic Management Journal*, **13** (2), pp 119–34

Powell, T (1992b) Strategic planning as competitive advantage, *Strategic Management Journal*, **13** (7), pp 551–58

Prahalad, C and Hamel, G (1990) The core competence of the corporation, *Harvard Business Review*, **68**, pp 79–90

Rangan, K and Lee, K (2010) [accessed 15 February 2018] HBS Case: Mobile Banking for the Unbanked, *Harvard Business Review*, 17/09 [Online] https://hbr.org/product/mobile-banking-for-the-unbanked/an/511049-PDF-ENG

Rumelt, R (1991) How much does industry matter?, *Strategic Management Journal*, **12** (3), pp 556–70

Schumpeter, J (1942) *Capitalism, Socialism, and Democracy*, Harper & Brothers, New York

Teece, D, Pisano, G and Shuen, A (1997) Dynamic capabilities and strategic management, *Strategic Management Journal*, **18**, pp 509–33

Trefis Team (2017) [accessed 15 May 2018] The Five Largest US Banks Hold More Than 40% Of All Deposits, *Forbes*, 14/12 [Online] https://www.forbes.com/sites/greatspeculations/2017/12/14/the-five-largest-us-banks-hold-more-than-40-of-all-deposits/#709058f116aa

Tripsas, M (1997) Unraveling the process of creative destruction: complimentary assets and incumbent survival in the typesetter industry, *Strategic Management Journal*, **18** (summer), pp 119–42

Vikas, M, Sarkees, M and Murshed, F (2008) [accessed 15 February 2018] The Right Way to Manage Unprofitable Customers, *Harvard Business Review*, **86** (4), pp 94–102 [Online] https://hbr.org/2008/04/the-right-way-to-manage-unprofitable-customers

World Bank Group (2015) [accessed 15 February 2018] The Global Findex Database 2014: measuring financial inclusion around the world, *Policy Research Working Paper 7255* [Online] http://www-wds.worldbank.org/external/default/WDSContentServer/WDSP/IB/2015/10/19/090224b08315413c/2_0/Rendered/PDF/The0Global0Fin0ion0around0the0world.pdf#page=3

World Bank (2018) [accessed 15 May 2018] Commercial Bank Branches (Per 100,000 Adults) [Online] https://data.worldbank.org/indicator/FB.CBK.BRCH.P5?locations=US

第6章

ACI Worldwide and Aite Group (2017) [accessed 15 May 2018] Global Consumer Survey: Consumer Trust and Security Perceptions, February [Online] https://www.aciworldwide.com/-/media/files/collateral/trends/2017-global-consumer-survey-consumer-trust-and-security-perceptions.pdf

Baden-Fuller, C and Haefliger, S (2013) Business models and technological innovation, *Long Range Planning*, **46**, pp 419–26

BBC (2004) [accessed 15 May 2018] Passwords Revealed By Sweet Deal, 20/04 [Online] http://news.bbc.co.uk/2/hi/technology/3639679.stm

Capgemini, LinkedIn and Efma (2018) [accessed 15 May 2018] World Fintech Report 2018, 27/02 [Online] https://www.capgemini.com/wp-content/uploads/2018/02/world-fintech-report-wftr-2018.pdf

Danneels, E (2004) Disruptive technology reconsidered: a critique and research agenda, *Journal of Product Innovation Management*, 21, pp 246–58

Forrester (2016) in Skinner, C (2016) *Value Web: How FinTech firms are using mobile and blockchain technologies to create the internet of value*, Marshall Cavendish Business, Singapore

Grove, A (1996) *Only the Paranoid Survive*, Doubleday, New York

Libert, B, Beck, M and Wind, J (2016a) [accessed 15 May 2018] Network Revolution: Creating Value Through Platforms, People, and Technology, 14/04 [Online] http://knowledge.wharton.upenn.edu/article/the-network-revolution-creating-value-through-platforms-people-and-digital-technology/

Libert, B, Beck M and Wind, J (2016b) [accessed 15 May 2018] How Blockchain Technology Will Disrupt Financial Services Firms, 24/05 [Online] http://knowledge.wharton.upenn.edu/article/blockchain-technology-will-disrupt-financial-services-firms/

Porter, M (1979) How competitive forces shape industry, in *Michael E Porter on Competition and Strategy – Collection of Articles*, Harvard Business Press, Cambridge, MA, pp 3–11

PrivatBank (2016) [accessed 15 May 2018] PrivatBank is One of the First Banks Worldwide to Offer API-Based and Open Source IT-Architecture Services, *Value Web*, 04/05 [Online] https://en.privatbank.ua/news/-privatbank-is-one-of-the-first-banks-worldwide-to-offer-api-based-and-open-source-it-architecture-services-chris-skinner-value-web/

Rochet, J and Tirole, J (2006) Two-sided markets: a progress report, *Rand Journal of Economics*, 37 (3), pp 645–67

Skinner, C (2016) *Value Web: How FinTech firms are using mobile and blockchain technologies to create the internet of value*, Marshall Cavendish Business, Singapore

Stocco, G (2015) [accessed 15 May 2018] The Finanser Interviews: Guga Stocco, Head of Strategy and Innovation, Banco Original, August, Brazil [Online] https://thefinanser.com/2015/08/the-finanser-interviews-guga-stocco-head-of-strategy-and-innovation-banco-original-brazil.html/

Traynor *et al* (2013) [accessed 15 May 2018] Cyprus Bailout Deal With EU Closes Bank and Seizes Large Deposits, *The Guardian*, 25 March

[Online] https://www.theguardian.com/world/2013/mar/25/cyprus-bailout-deal-eu-closes-bank

Tversky, A and Kahneman, D (1981) The framing of decision and the psychology of choice, *Science*, **211** (4481), pp 453–58

Wiens, R (2018) Erste Group will neue Märkte erobern, *Salzburger Nachrichten*, 1 March

第7章

Browne, R (2017) [accessed 15 May 2018] Big Transaction Fees Are a Problem For Bitcoin — But There Could Be a Solution, CNBC, 19/12 [Online] https://www.cnbc.com/2017/12/19/big-transactions-fees-are-a-problem-for-bitcoin.html

Christin, N (2013) Traveling the silk road: a measurement analysis of a large anonymous marketplace, *Proceedings of the 22nd International World Wide Web Conference, Rio de Janeiro*, pp 213–24

FDIC – Federal Deposit Insurance Corporation (2016) [accessed 15 May 2018] 2015 FDIC National Survey of Unbanked and Underbanked Households, 20/10 [Online] https://www.fdic.gov/householdsurvey/2015/2015report.pdf

Ferguson, N (2008) *The Ascent of Money: A Financial History of the World*, Penguin Books, London

Foundation Capital (2014) [accessed 15 May 2018] A Trillion Dollar Market By the People, For the People: How Marketplace Lending Will Remake Banking As We Know [Online] https://foundationcapital.com/wp-content/uploads/2016/08/TDMFinTech_whitepaper.pdf

FRED – Federal Reserve Bank of St Louis (2017a) [accessed 15 May 2018] Remittance Inflows to GDP for Haiti (DDOI11HTA156NWDB), 30/08 [Online] https://fred.stlouisfed.org/series/DDOI11HTA156NWDB

FRED – Federal Reserve Bank of St Louis (2017b) [accessed 15 May 2018] Remittance Inflows to GDP for Philippines (DDOI11PHA156NWDB), 30/08 [Online] https://fred.stlouisfed.org/series/DDOI11HTA156NWDB

Glaser, P (1988) Using Technology for Competitive Advantage: The ATM Experience at Citicorp, in *Managing Innovation: Cases from the services industries*, ed B Guile and J Quinn, National Academy, Washington DC

Hileman, G (2015) [accessed 15 May 2018] The Bitcoin Market Potential Index, *Financial Cryptography and Data Security*, pp 92–93 [Online] https://link.springer.com/chapter/10.1007%2F978-3-662-48051-9_7

MacAskill, A, Jessop, S and Cohn, C (2017) [accessed 15 May 2018] Exclusive – Reuters Survey: 10,000 UK Finance Jobs Affected in Brexit's First Wave, *Reuters*, 18/09 [Online] https://uk.reuters.com/article/uk-britain-eu-jobs-exclusive/exclusive-reuters-survey-10000-uk-finance-jobs-affected-in-brexits-first-wave-idUKKCN1BT1EQ

Rangan, K and Lee, K (2010) [accessed 15 May 2018] HBS Case: Mobile Banking for the Unbanked, *Harvard Business Review*, 17/09 [Online] https://hbr.org/product/mobile-banking-for-the-unbanked/an/511049-PDF-ENG

Santander, Oliver Wyman and Anthemis Group (2015) [accessed 15 February 2018] The Fintech 2.0 Paper: Rebooting Financial Services [Online] http://santanderinnoventures.com/wp-content/uploads/2015/06/The-Fintech-2-0-Paper.pdf

SelectUSA (2016) [accessed 15 May 2018] Financial Services Spotlight: The Financial Services Industry in the United States [Online] https://www.selectusa.gov/financial-services-industry-united-states

Suri T and Jack, W (2016) [accessed 15 May 2018] The Long-Run Poverty and Gender Impacts of Mobile Money, *Science*, **354** (6317), pp 1288–92 [Online] http://science.sciencemag.org/content/354/6317/1288.full

The Economist (2017) [accessed 20 May 2018] Changing Maps: How the Shape of Global Banking Has Turned Upside Down, *The Economist*, 28/08 [Online] https://www.economist.com/news/finance-and-economics/21727088-american-and-european-banks-stay-more-home-chinese-ones-extend-their-reach-how

Umeh, J (2016) Blockchain: Double Bubble or Double Trouble?, *ITNOW*, pp 58–61 (March)

World Bank Group (2015) [accessed 15 February 2018] The Global Findex Database 2014: Measuring Financial Inclusion Around the World, *Policy Research Working Paper 7255* [Online] http://www-wds.worldbank.org/external/default/WDSContentServer/WDSP/IB/2015/10/19/090224b08315413c/2_0/Rendered/PDF/The0Global0Fin0ion0around0the0world.pdf#page=3